SPAZIERGANG 1 MITTE
Mitte ist zu Recht das Herz von Berlin. An der alten Grenze zwischen Ost und West befinden sich die wichtigsten Denkmäler und Museen. Zu einem ersten Berlintrip gehört natürlich das Brandenburger Tor, der Checkpoint Charlie und der Fernsehturm. Spaß macht aber auch ein Besuch der vielen Einkaufsstraßen und originellen Restaurants.

SPAZIERGANG 2 PRENZLAUER BERG
Dieser Stadtteil erhielt nach dem Fall der Mauer ein komplettes Facelifting, und das alte Arbeiterviertel verwandelte sich in eine der begehrtesten Wohngegenden der Stadt. Die kinderreiche, jung-dynamische Bevölkerung hat dafür gesorgt, dass man in diesem Stadtteil das Leben genießen kann.

SPAZIERGANG 3 FRIEDRICHSHAIN
Hier leben eingefleischte Ostberliner Seite an Seite mit Punks, Künstlern und Studenten. Es gibt viele kreative Läden, Galerien und Restaurants. An der Spree brodelt es vor Kreativität. In diesem Stadtteil gibt es auch das längste Reststück der Berliner Mauer.

SPAZIERGANG 4 CHARLOTTENBURG & SCHÖNEBERG
Charlottenburg ist wieder da. Rund um den Kurfürstendamm und dem früher etwas zwielichtigen Bahnhof Zoo tut sich einiges. In Schöneberg, vor dem Rathaus, sagte John F. Kennedy den legendären Satz: „Ich bin ein Berliner!". Dieses ruhige Wohnviertel vermittelt ein schönes Bild vom Alltag in Berlin.

SPAZIERGANG 5 KREUZBERG
Dieses Viertel teilt sich in zwei Gebiete auf: „36" ist das lebhafte und etwas verrücktere Quartier. Hier leben sehr viele Berliner Türken, leicht erkennbar an dem multikulturellen Angebot an Geschäften. In dem ruhigeren „61" gibt es klassische Straßen und Parks. Kreuzberg besitzt auch schöne Museen.

SPAZIERGANG 6 NEUKÖLLN
Der spannendste Stadtteil in diesem Guide: Neukölln ist im Kommen und verändert sich täglich. Restaurants und Geschäfte eröffnen und schließen wieder, besonders im Nordteil. Das Tempelhofer Feld ist sehr beliebt, aber besuchen Sie auch die unbekannteren Ecken, wie Schillerkiez und Rixdorf.

100% BERLIN

In Berlin gibt es so viel zu erleben – doch wo fängt man am besten an?
Die Hauptstadt Deutschlands fasziniert durch viele geschichtsträchtige Orte wie dem Brandenburger Tor, dem Reichstag und den Überresten der ehemaligen Teilung der Stadt. Flohmärkte, kleine Designerläden und große Kaufhäuser laden zum Shoppen ein. Menschen aus aller Welt besuchen die Stadt, um sich in das legendäre Nachtleben zu stürzen. **100% Berlin** zeigt Ihnen, was Sie auf keinen Fall verpassen sollten. Sightseeing & Shopping, Ausgehen & Abenteuer – die übersichtlichen Stadtpläne weisen Ihnen den Weg.

Inhalt

100% ÜBERSICHTLICH > S. 4

UNTERWEGS > S. 8

BERLIN MIT DEM FAHRRAD > S. 11

TOP 10 > S. 12

SPAZIERGANG 1 MITTE > S. 16

SPAZIERGANG 2 PRENZLAUER BERG > S. 36

SPAZIERGANG 3 FRIEDRICHSHAIN > S. 56

SPAZIERGANG 4 CHARLOTTENBURG & SCHÖNEBERG > S. 76

SPAZIERGANG 5 KREUZBERG > S. 96

SPAZIERGANG 6 NEUKÖLLN > S. 116

NOCH ZEIT ÜBRIG? > S. 136

ÜBERNACHTEN > S. 142

AUSGEHEN > S. 144

INDEX > S. 146

100% übersichtlich

Erleben Sie 100% Berlin auf sechs Spaziergängen. Jedes Kapitel im 100% Cityguide ist einem Spaziergang gewidmet. Am Kapitelende gibt es eine Karte mit der Kurzbeschreibung des Spaziergangs. Auf der Karte in der vorderen Umschlagklappe sehen Sie die sechs Kartenausschnitte im Überblick. Dort finden Sie anhand der Buchstaben Ⓐ bis Ⓛ weitere Tipps, die nicht auf den Spaziergängen liegen.

In den sechs Kapiteln beschreiben wir ausführlich, welche Sehenswürdigkeiten Sie auf den Spaziergängen entdecken können und wo man gut essen, trinken, shoppen, feiern und relaxen kann. Alle Adressen sind mit einer Nummer ① gekennzeichnet, die Sie im Stadtteilplan am Ende des Kapitels wiederfinden. An der Farbgebung der Nummer können Sie erkennen, zu welcher Kategorie die jeweilige Adresse gehört:

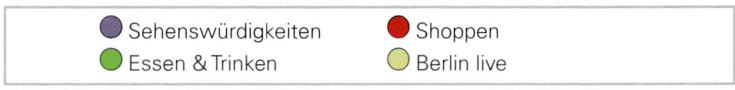

SECHS SPAZIERGÄNGE

Zu jedem Kapitel gehört ein Spaziergang, der – ohne Besuch der genannten Adressen – ungefähr 3 Stunden dauert. Die Länge der Strecke (in km) finden Sie über der Wegbeschreibung und auf den einzelnen Stadtteilplänen sehen Sie den genauen Verlauf der Route. Die Beschreibung neben dem Stadtplan führt Sie entlang der Sehenswürdigkeiten zu den schönsten Adressen. So entdecken Sie fast nebenbei die besten Shopping-Gelegenheiten, die nettesten Restaurants und die angesagtesten Cafés und Bars. Wer irgendwann keine Lust mehr hat, der Route zu folgen, kann mit Hilfe der ausführlichen Tipps und Pläne auch wunderbar auf eigene Faust losziehen.

PREISANGABEN BEI CAFÉS UND RESTAURANTS

Um Ihnen eine Vorstellung von den Preisen in den Cafés und Restaurants zu geben, finden Sie bei diesen Adressen auch Preise. Die Angaben bei den Restaurants nennen – wenn nicht anders verzeichnet – den Durchschnittspreis eines Hauptgerichts. Bei Cafés ist dies der Preis für ein Sandwich oder eine kleine Mahlzeit.

BERLINER GEPFLOGENHEITEN

Im Großen und Ganzen sind die Geschäfte montags bis samstags bis mindestens 20 Uhr geöffnet. Es gibt natürlich auch Ausnahmen. Viele kleine Geschäfte in West-Berlin schließen samstags um 16 Uhr oder sogar schon um 14 Uhr.

In den meisten Restaurants ist die Küche den ganzen Tag über geöffnet, und in manchen kann man sogar bis lange nach Mitternacht etwas essen. Die Esskultur Berlins hat sich in den letzten Jahrzehnten rasant verändert und inzwischen findet man viele qualitativ hervorragende Lokale in der Hauptstadt. Typisch für Berlin sind die Frühstückscafés, wo man gut und gerne bis 17 Uhr frühstücken kann. Am Wochenende gehen Berliner am liebsten brunchen, gern mit einem Gläschen Sekt dazu. Außerdem herrscht in Berlin seit einigen Jahren ein echter Bio-Boom. Vor allem im östlichen Teil – Mitte und Prenzlauer Berg – gibt es an fast jeder Straßenecke einen Bio-Supermarkt. Auch eröffnen immer mehr vegetarische und sogar vegane Restaurants.

Trinkgeld geben ist keine Pflicht, wird aber natürlich sehr geschätzt. 10 Prozent sind völlig in Ordnung.

Auch in Berlin gilt das Rauchverbot in Bars und Restaurants, aber es gibt Ausnahmen. Die Faustregel lautet: In kleineren Lokalen (< als 75 m²), in denen kein Essen serviert wird, darf man noch rauchen; größere Gastronomiebetriebe sind rauchfreie Zonen, haben aber teilweise einen separaten Raucherraum.

BERLINER EIGENARTEN

Auch nach dem Fall der Mauer bildet Berlin noch immer keine wirkliche Einheit. Das liegt auch daran, dass der Berliner sich ohnehin eher als Bewohner seines Stadtviertels, seines „Kiezes" versteht, den er wie seine Westentasche kennt und den er nur ungern verlässt.

Die Hausnummerierung gehört zu den Eigenarten, die selbst fortgeschrittene Berlin-Besucher in den Wahnsinn treiben kann. Hier gilt nicht die Teilung in gerade/ungerade, sondern das alte preußische Hufeisenprinzip. Daher kann Nummer 10 gegenüber von Nummer 220 liegen. Eine kleine Hilfe bieten die Hinweise unter den Straßenschildern, die die Hausnummern angeben.

GESETZLICHE FEIERTAGE

An den Feiertagen sind die Geschäfte normalerweise geschlossen und die Öffnungszeiten der Sehenswürdigkeiten können abweichen. Außer den religiösen Feiertagen Karfreitag, Ostern, Christi Himmelfahrt, Pfingsten und Weihnachten (erster und zweiter Weihnachtstag) betrifft das den

- **1. Januar >** Neujahr
- **1. Mai >** Tag der Arbeit
- **3. Oktober >** Tag der deutschen Einheit.

HABEN SIE NOCH TIPPS?

Wir haben diesen Reiseführer mit großer Sorgfalt zusammengestellt. Da das Angebot an Geschäften und Restaurants in Berlin jedoch regelmäßig wechselt, kann es sein, dass eine Empfehlung nicht mehr existiert. Besuchen Sie in diesem Fall oder wenn Sie andere Anmerkungen zu 100% Berlin haben, unsere Webseite *www.100travel.de* oder schreiben Sie uns eine E-Mail an *info@momedia.com*. Wir freuen uns über Ihre Hinweise, neue Tipps und natürlich auch Fotos. Posten Sie diese gerne auf unserer facebook fanpage: *facebook.com/100travel*.

Last but not least möchten wir noch bemerken, dass keine der vorgestellten Adressen für ihre Erwähnung bezahlt hat, weder für den Text noch für die Fotos. Alle Texte wurden von einer unabhängigen Redaktion geschrieben.

100% UP-TO-DATE
BESUCHEN SIE WWW.100TRAVEL.DE FÜR DIE AKTUELLSTEN BERLIN-TIPPS:
+ LIEBLINGSADRESSEN DER AUTOREN + KONZERTE UND EVENTS + HOTELEMPFEHLUNGEN + AUSGEHTIPPS

Unterwegs

ANREISE

Berlin hat zwei **Flughäfen**, Schönefeld und Tegel, und irgendwann wird der umstrittene neue Flughafen Berlin Brandenburg eröffnet. Die beiden anderen Flughäfen werden dann wahrscheinlich geschlossen. Das Stadtzentrum ist mit öffentlichen Verkehrsmitteln gut zu erreichen. Ab Tegel fahren Expressbusse: Linie X9 fährt Richtung Zoologischer Garten (15 Minuten) und Linie TXL zum Alexanderplatz (30 Minuten). Vom außerhalb der Stadt gelegenen Schönefeld dauert es mit der S-Bahn (S9) 40 Minuten bis ins Stadtzentrum oder 30 Minuten mit dem **Airport Express** der Deutschen Bahn. Ein Taxi von Tegel nach Mitte kostet ungefähr 20 Euro, von Schönefeld nach Mitte sicher das Doppelte.

Wenn Sie mit dem **Auto** nach Berlin reisen: Für die Innenstadt (innerhalb des S-Bahn-Rings) benötigen Sie die grüne Umweltplakette (Schadstoffgruppe 4, u. a. beim TÜV erhältlich).

Neben dem **Hauptbahnhof** gibt es noch weitere wichtige Bahnhöfe, von denen aus Sie ebenfalls gut in die Innenstadt kommen, nämlich Zoologische Garten, Ostbahnhof, Südkreuz, Gesundbrunnen und Bahnhof Friedrichstraße.

ÖFFENTLICHE VERKEHRSMITTEL

Das Verkehrsmittelnetz der Berlins ist groß. Es gibt **U- und S-Bahnen, Straßenbahnen, Busse** und sogar **Fähren**. Hinten im Buchs befindet sich ein Netzplan. Für Fahrten im Zentrum kauft man ein Berlin AB-Ticket für 2,60 Euro, ein ABC-Ticket braucht man nur für Schönefeld oder Potsdam. Das Ticket ist zwei Stunden gültig, allerdings darf man nur in eine Richtung fahren. Für den Rückweg braucht man ein neues Ticket. Denken Sie auch ans Entwerten des Fahrscheins. Ein Kurzstreckenticket (1,50 Euro) gilt für drei Stationen mit S- und U-Bahn oder sechs Stationen mit dem Bus oder der Tram. Umsteigen ist erlaubt. Beliebig viele Fahrten kann man mit einer Tageskarte (6,70 Euro) unternehmen oder mit einer WelcomeCard für 48 Stunden (18,50 Euro innerhalb Zonen A und B), 72 Stunden (25,50 Euro) oder 5 Tage (32,50 Euro). Zur WelcomeCard gibt es ein Heft mit Rabattgutscheinen für verschiedene Sehenswürdigkeiten. Die U- und S-Bahnen verkehren bis etwa 1 Uhr. Am Wochenende fahren manche U- und S-Bahnen die ganze Nacht durch, ebenso die *Metrotrams* (Straßenbahnen mit einem M vor der Nummer. Die übrigen Straßenbahnlinien fahren täglich bis ca. 1 Uhr. Es gibt ein stadtweites Verkehrsnetz von Nachtbussen, zu erkennen am „N". Weitere Infos unter: www.bvg.de.

TAXI

Es gibt in Berlin viele Taxistandplätze, aber man kann auch einfach ein Taxi auf der Straße anhalten oder telefonisch bestellen. Kleine Kinder sollte man zuvor anmelden, denn ohne Kindersitz darf der Fahrer sie nicht befördern. Taxis sind preiswert in Berlin, und das Gepäck ist gratis. Die drei wichtigsten Taxizentralen: Würfelfunk, 030 210101; TaxiFunk, 030 443322; Quality Taxi, 030 263000.

Mit dem Rad

In Berlin kann man prima mit dem Fahrrad fahren und man findet immer mehr Radfahrer und neue Radwege. Oft fahren die Berliner allerdings sehr schnell und unvorsichtig. Häufig radeln sie auch auf dem Gehweg, obwohl das natürlich – wie im restlichen Deutschland – verboten ist, außer für Kinder bis zum vollendeten zehnten Lebensjahr.
Für unsere Leser aus dem deutschsprachigen Ausland: Viele Radfahrer tragen einen Helm, aber das ist keine Vorschrift. Zu zweit nebeneinander fahren wird nicht gerne gesehen und ist zudem wirklich gefährlich. Autos halten sich streng an die Vorfahrtsregeln, Radfahrer leider nicht immer.

Dennoch, mieten Sie sich ein Rad! Die Spaziergänge in diesem Guide durch Mitte, Charlottenburg und Schönefeld eignen sich ausgezeichnet für eine Radtour. Oder Sie entscheiden sich für den Berliner Mauerweg (160 km entlang der alten Grenze). Sie können aber auch über den Radfernweg Berlin-Usedom oder Berlin-Kopenhagen aus der Stadt radeln oder einen Teil der Wannseeroute fahren. Mit einem Zusatzticket fürs Rad kommen Sie mit der S-Bahn wieder zurück in die Stadt.

In Mitte, Prenzlauer Berg und Kreuzberg hat die Deutsche Bahn (DB) über 80 **Mietstationen** mit Fahrrädern eingerichtet. Dieser Service heißt *Call a Bike* (*www.callabike-interaktiv.de*). Nachdem Sie sich einmalig auf der Webseite oder an der Station registriert haben, können Sie für 0,08 Euro pro Minute bzw. maximal 15 Euro am Tag durch die Stadt radeln. Es gibt auch noch andere Fahrradverleihe in der Stadt, wie z.B. die Fahrradstation (*www.fahrradstation.com*) mit sechs Filialen. Oftmals bieten auch Hotels Fahrräder zum Verleih an.

KEINE ZEIT ZUM RADFAHREN?
Auch eine Stadtrundfahrt mit dem Bus kann Spaß machen. Der **Bus 100** ist ein normaler Stadtbus, aber angenehmer als ein Touristen-Doppeldecker. Er fährt Sie an allen wichtigen Sehenswürdigkeiten vorbei und Sie benötigen dafür lediglich ein normales Bus-Ticket.

Sonntags

TOP 10

1 Vintage, Secondhand, Kunst & Karaoke im **Mauerpark** > S. 39

2 Schon früh unterwegs? Starten Sie den Tag im **Fernsehturm** > S. 19

3 Mit der S-Bahn ab in die Natur zum **Schlachtensee** > S. 137

4 Eine Runde über den Flohmarkt auf dem **Boxhagener Platz** > S. 72

5 Auf den **Teufelsberg** steigen und die Aussicht genießen > S. 137

6 **Tanzen gehen!** Im Sommer nachmittags open air in vielen Clubs. Checken Sie unsere Website.

7 Auf dem **Flohmarkt Arkonaplatz** stöbern ab 10 Uhr > S. 52

8 Organisieren Sie Tischtennisschläger, Platten finden Sie fast in jedem Park oder auf dem **Starplatz** > S. 52

9 Skaten, Drachen steigen lassen, picknicken oder den Himmel beobachten: **Tempelhofer Freiheit** > S. 130

10 Machen Sie es wie die Berliner: lange ausschlafen und **ausgiebig frühstücken**, zum Beispiel bei **Anna Blume** > S. 42

TOP 10 Restaurants

1 Wunderbar unkomplizierte Küche: **Das Lokal >** Linienstraße 160, Mitte

2 **Cookies Cream** – in einem der besten vegetarischen Restaurants in Berlin essen gehen **>** S. 26

3 **Richard**, ungewöhnliche Location, Spitzenkoch, traumhaftes Essen **>** Köpenicker Straße 174, Kreuzberg

4 Klasse Location in einer alten Brauerei, **La Soupe Populaire >** Prenzlauer Allee 242, Prenzl. Berg

5 Richtig gutes türkisches Essen gibt es bei **Osmans Töchter >** S. 42

6 **Paris Bar**, vor allem wegen der tollen Atmosphäre **>** S. 84

7 In einer großen Runde Fusion-Food teilen: **NENI Berlin >** S. 84

8 Exquisite asiatische Küche gibt es bei **Long March Canteen >** S. 102

9 Schnitzel und Spätzle isst man bei **Alpenstueck >** Gartenstraße 9, Mitte

10 Für ein schickes Dinner: **Pauly Saal** in der ehemaligen Jüdischen Mädchenschule **>** S. 26

Streetfood

TOP 10

1 Die berühmteste Currywurst im alten Westen: **Curry 36 >** S. 106

2 Und natürlich im alten Osten: **Konnopke's Imbiß >** S. 42

3 Das Warten lohnt sich: **Mustafa's Gemüse Kebap >** S. 106

4 Burritos, schnell und lecker bei: **No hablo Español >** S. 62

5 Nur im Sommer, an zwei Orten in der Stadt: die Food Trucks vom Berliner **Bite Club >** S. 52

6 Austern, Wurst, belegte Brötchen und noch viel mehr auf dem **Kollwitz Markt >** S. 52

7 Jeden Donnerstag in der **Markthalle Neun**: der Street Food Thursday **>** S. 105

8 Koreanische Grillspezialitäten isst man bei **Mmaah >** S. 130

9 Japanische Hamburger bekommt man bei **Shiso Burger >** Augustraße 29c, Mitte

10 Am Wochenende die **Thaiwiese** im Preußenpark **>** Konstanzer Straße 46, Wilmersdorf

Kunst & Kultur

1 Die Ausstellungen in der **Berlinischen Galerie** > S.99

2 Die **Galerien in der Auguststraße**, auch in den Seitenstraßen und der Linienstraße > S.30

3 Laufen Sie entlang der **Gedenkstätte Berliner Mauer**, Sie erfahren alles über ihre Geschichte > S.19

4 Auf der **Museumsinsel** die schönsten Museen besuchensuchen > S. 19

5 Gehen Sie durch das Stelenfeld des **Holocaust-Mahnmals** > S. 21

6 Klein, aber sehr beeindruckend: der **Tränenpalast** > S. 22

7 Eines der schönsten und besten Theater Berlins ist die **Volksbühne Berlin** > S. 32

8 Beim ersten Berlinbesuch: das **Brandenburger Tor** > S. 22

9 Die Architektur der Karl-Marx-Allee, das **Kino International** und das **Café Sibylle** > S. 59 & 72

10 Bei **Urban Spree** tolle Ausstellungen und Performances besuchen > S.72

1961

Mitte

1

Berlin wird gerne als die kreativste Stadt Europas bezeichnet. Ein Stadtteil, der besonders zu diesem Ruf beiträgt, ist Mitte. Vor allem in dem nördlich der Spree gelegenen **Scheunenviertel**, dem einst jüdischen Quartier, ist das kulturelle Leben seit der Wende aufgeblüht. Heute bilden August- und Linienstraße mit ihren vielen Galerien ein internationales Kunstzentrum. In der Mulack- und in der Torstraße haben sich zahlreiche vielversprechende junge Designer und Büros der Kreativwirtschaft niedergelassen. Auch das Gebiet zwischen Invaliden- und Torstraße wird immer interessanter.

Südlich der Spree befinden sich luxuriöse Büros und Geschäfte. Auch das Regierungsviertel liegt hier. Die bekanntesten Straßen sind **Unter den Linden** und die **Friedrichstraße**, eine berühme Shopping- und Ausgehmeile mit internationalen Modemarken, aber auch vielen wichtigen Sehenswürdigkeiten. Darum ist Mitte bei Touristen so beliebt.

Das Viertel hat zugleich, mit Quartieren wie den Hackeschen Höfen und dem Gendarmenmarkt, eine authentische, klassische Ausstrahlung. Eingeklemmt zwischen diesen beiden Teilen von Mitte liegt die **Museumsinsel**. Hier sind die wichtigsten Kunstschätze des Landes versammelt. Das komplette 20. Jahrhundert und vor allem auch die jüngste deutsche Geschichte sind in ganz Mitte deutlich spürbar: vom ehemaligen Zentrum Ost-Berlins, dem Alexanderplatz, bis hin zu den beiden wichtigsten Symbolen des vereinten Berlins, dem Brandenburger Tor und dem Fernsehturm.

NUR KURZ HIER?
DIESE HIGHLIGHTS DÜRFEN SIE NICHT VERPASSEN:
+ **BRANDENBURGER TOR** + **FERNSEHTURM** + **REICHSTAGSGEBÄUDE**
+ **TOPOGRAFIE DES TERRORS** + **CHECKPOINT CHARLIE**

ÜBER DIESEN SPAZIERGANG

Der Spaziergang führt Sie entlang jener Sehenswürdigkeiten, für die Berlin bekannt ist. Nette Lokale, Restaurants, Cafés und Geschäfte liegen auch auf dem Weg, Schwerpunkt des Spaziergangs sind aber Kunst und Kultur. Falls Sie noch mehr entdecken wollen: Wir haben einige Einkaufsstraßen aufgenommen, die auch sehr interessant sind. Planen Sie dann ungefähr einen Tag Zeit ein. Gut zu kombinieren mit Spaziergang 2.

+ **EIN MUSS BEIM ERSTEN BERLINBESUCH**
+ **LANGER SPAZIERGANG, AUCH ALS RADTOUR GEEIGNET**
+ **SCHÖNER SONNTAGSSPAZIERGANG WEGEN DER VIELEN MUSEEN**

Sehenswürdigkeiten

① Die **Gedenkstätte Berliner Mauer** zeigt auf eindrucksvolle Weise, was das Leben mit der Mauer bedeutete. 220 Meter der ursprünglichen Mauer samt Wachtürme wurden für dafür erhalten. Spazieren Sie auch bis zur S-Bahnstation Nordbahnhof und besuchen dort die Ausstellung "Grenz- und Geisterbahnhöfe im geteilten Berlin".
bernauer straße 111/119, www.berliner-mauer-gedenkstaette.de, s-bahn nordbahnhof, u-bahn u8 bernauer straße

⑬ Der **Alexanderplatz** war zu DDR-Zeiten Ost-Berlins Zentrum. Die umliegenden Gebäude versprühen immer noch die typisch ostdeutsche Atmosphäre, wie zum Beispiel die Galeria Kaufhof, einst das "Centrum Warenhaus" und Ost-Berlins Gegenstück zum KaDeWe. Im Herbst 1989 fand hier die größte Demonstration gegen das DDR-Regime statt. Mit der Renovierung des Kaufhauses und dem Bau des Shoppingcenters Alexa gewann der Platz seine Rolle als Einkaufszentrum des Ostens zurück. Die Weltzeituhr, auf der man die Zeit einiger Weltstädte ablesen kann, ist ein echter Publikumsmagnet.
alexanderplatz, s-bahn & u-bahn u2, u5, u8 alexanderplatz

⑭ Zusammen mit dem Brandenburger Tor ist der **Fernsehturm** das Wahrzeichen Berlins und als höchstes Gebäude (368 m) auch ein zuverlässiger Orientierungspunkt. Nehmen Sie den Aufzug zur Aussichtsplattform oder zum rotierenden Restaurant in 207 m Höhe und genießen Sie das Panorama.
alexanderplatz, panoramastraße 1a, www.tv-turm.de, telefon: 030 247575875, geöffnet: täglich märz-okt. 9.00-0.00, nov.-feb. 10.00-0.00, eintritt: 13 €, s-bahn & u-bahn u2, u5, u8 alexanderplatz

⑮ Auf der **Museumsinsel** stehen einige der bedeutendsten Museen Deutschlands. Das **Alte Museum** beherbergt Kunstwerke des klassischen Altertums, die **Alte Nationalgalerie** stellt Malerei des 19. Jahrhunderts aus. Eine große Sammlung Skulpturen präsentiert das **Bodemuseum**, das **Pergamonmuseum** zeigt archäologische Schätze aus dem Nahen Osten und das **Neue Museum** unter anderem Ägyptische Kunst. Auch der **Berliner Dom** befindet sich auf der Insel. Gegenüber entsteht der umstrittene Wiederaufbau des **Stadtschlosses**.
bodestraße 1-3, www.smb.museum, telefon: 030 424242, für öffnungszeiten und eintrittspreise siehe webseite, s-bahn & u-bahn u6 friedrichstraße

① GEDENKSTÄTTE BERLINER MAUER

⑯ Das **Deutsche Historische Museum** (DHM) liegt genau neben der Museumsinsel. Die Dauerausstellung über die deutsche Geschichte befindet sich im Zeughaus Unter den Linden. Im modernen Anbau finden wechselnde Ausstellungen statt. Tipp: Nehmen Sie den Eingang Hinter dem Gießhaus, dort sind die Schlangen deutlich kürzer.
unter den linden 2, www.dhm.de, telefon: 0 30 20304444, geöffnet: täglich 10.00-18.00, eintritt: 8 €, s-bahn & u-bahn u6 friedrichstraße

⑲ Der **Gendarmenmarkt** mit seiner monumentalen Architektur und den zwei Kuppelkirchen ist zweifellos einer der schönsten Plätze Berlins. Im Sommer finden vor dem Konzerthaus klassische Open-Air-Konzerte statt, und im Winter steht dort ein gemütlicher Weihnachtsmarkt.
gendarmenmarkt, u-bahn u2 stadtmitte, u6 französische straße

(20) Am 13. August 1961 begannen ostdeutsche Soldaten mit dem Bau der Mauer. Das Mauermuseum am Grenzposten **Checkpoint Charlie** erzählt die Geschichte der meist erfolglosen Fluchtversuche. Draußen steht eine Nachbildung des kleinen ehemaligen Wachhauses.
friedrichstraße 43-45, www.mauer-museum.de, telefon: 030 2537250, geöffnet: täglich 9.00-22.00, eintritt: 12,50 €, u-bahn u6 kochstraße

(22) Das Gelände der **Topographie des Terrors** ist der Ort, an dem sich die Zentrale der Gestapo und das Reichssicherheitshauptamt befanden, zwei Schaltzentren der nationalsozialistischen Verfolgung und Unterdrückung. Die Dauerausstellung macht die grauenhafte Dimension der NS-Schreckensherrschaft eindrucksvoll deutlich.
niederkirchnerstraße 8, www.topographie.de, telefon: 030 25450950, geöffnet: täglich 10.00-20.00, eintritt: frei, s-bahn & u-bahn u2 potsdamer platz, u6 kochstraße

(23) Im **Martin-Gropius-Bau** finden große internationale Ausstellungen statt. Einige Künstler haben sogar Kunstwerke für dieses Gebäude entworfen, wie Ai Weiwei und Anish Kapoor. Tickets am besten online kaufen.
niederkirchnerstraße 7, www.berlinerfestspiele.de/gropiusbau, telefon: 030 254860, geöffnet: mi-mo 10.00-19.00, wechselnde öffnungszeiten, siehe webseite, eintritt: 10 € (variiert), s-bahn & u-bahn u2 potsdamer platz

(24) In den Zwanziger Jahren war der tosende **Potsdamer Platz** ein Wahrzeichen des modernen Berlins. Leider verwandelte er sich während des Kalten Krieges in ein großes, verwüstetes Stück Niemandsland zwischen Ost und West. Heute ist der Potsdamer Platz ein Geschäfts- und Kulturzentrum mit hypermoderner Architektur.
potsdamer platz, s-bahn & u-bahn u2 potsdamer platz

(25) Zum Gedenken an die Opfer der Judenverfolgung während des Naziregimes wurden hier 2711 Betonsäulen aufgestellt. Anders, als man vielleicht erwarten würde, reagiert nicht jeder mit schweigender Zurückhaltung auf das **Holocaust-Mahnmal**. Dies war auch die Absicht des Architekten Peter Eisenman: Er wollte niemandem vorschreiben, wie man mit dem Monument umgehen sollte.
cora-berliner-straße 1, www.stiftung-denkmal.de, telefon: 030 2007660, geöffnet: informationszentrum april-sept. di-so 10.00-20.00, okt.-märz di-so 10.00-19.00, eintritt: frei, s-bahn brandenburger tor

㉖ Das **Brandenburger Tor** wurde 1791 im Stil der griechischen Antike erbaut. Es ist der einzige Durchgang, der von der einstigen Stadtmauer übriggeblieben ist. Daneben liegt der Pariser Platz mit seinen Botschaften und dem Luxushotel Adlon. Bis zum Fall der Mauer war das Tor Symbol für die Teilung der Stadt. Heute wird es wiederum als Wahrzeichen der deutschen Einheit angesehen. Hier sprach der damalige amerikanische Präsident Ronald Reagan die legendären Worte: "Mister Gorbachev, tear down this wall!"
ecke ebertstraße/unter den linden, s-bahn brandenburger tor

㉗ Im **Reichstagsgebäude** hat der Deutsche Bundestag seinen Sitz. Über eine genial konstruierte Spirale läuft man durch die vom Architekten Sir Norman Foster gestaltete Kuppel aufs Dach und hat von hier aus eine tolle Aussicht. Werfen Sie auch einen Blick in den Plenarsaal. Aus Sicherheitsgründen muss man sich zwei Tage im Voraus anmelden. Tipp: Kombinieren Sie Ihren Besuch mit einem Essen im **Dachgarten Restaurant Käfer** (*www.feinkost-kaefer.de*).
platz der republik 1, www.bundestag.de, geöffnet: kuppel täglich 8.00-0.00, restaurant 9.00-10.00, 12.00-14.30 & 18.30-0.00, eintritt: frei, s-bahn brandenburger tor, u-bahn u55 bundestag

㉘ Nirgendwo in Berlin sind die Auswirkungen der Mauer deutlicher zu spüren als in der ständigen Ausstellung GrenzErfahrungen im **Tränenpalast**. Zu DDR-Zeiten war dies die Ausreisehalle des Bahnhofs Friedrichstraße, wo man sich vom Familienbesuch aus dem Westen verabschiedete. Unzählige Tränen wurden hier vergossen, aus Wut, Ohnmacht und Trauer. Gezeigt werden Fotos, Originalobjekte und Geschichten von Zeitzeugen.
reichstagufer 17, www.hdg.de/berlin/traenenpalast/, telefon: 030 467777911, geöffnet: di-fr 9.00-19.00, sa-so & feiertage 10.00-18.00, eintritt: frei, s-bahn & u-bahn u6 friedrichstraße

㉚ Die goldene Kuppel der **Neuen Synagoge** von 1866 war das Prunkstück der jüdischen Gemeinde in Berlin. Nachdem das Gebäude 1938 die Reichspogromnacht überstanden hatte, wurde es 1943 während eines Bombardements doch noch verwüstet. In dem renovierten Gebetshaus gibt es eine Dauerausstellung über das jüdische Leben in der deutschen Hauptstadt.
oranienburger straße 28-30, www.cjudaicum.de, telefon: 030 88028300, für öffnungszeiten und eintrittspreise siehe webseite, s-bahn oranienburger straße

HOLOCAUST-MAHNMAL ㉕

㊲ Während der 20er-Jahre bildeten die **Hackeschen Höfe** mit ihren Restaurants und Festsälen das pulsierende Zentrum Berlins. Nach der Wende wurde der Jugendstilbau renoviert. Die acht miteinander verbundenen Höfe ziehen viele Touristen an. Es gibt Lokale, Läden, zwei Kinos, ein Theater und einen Club.

rosenthaler straße 40/41, www.hackesche-hoefe.de, telefon: 030 28098010, geöffnet: täglich 24 stunden, eintritt: frei, s-bahn hackescher markt, u-bahn u8 weinmeisterstraße

Essen & Trinken

(3) Bei **Joris** dreht sich alles um Suppen und Salate und um leckere Ofenkartoffeln mit verschiedenen Füllungen. Eine prima Adresse für ein warmes Mittagessen. An der Theke wählt man sich sein Gericht aus und isst es dann an einem der Tische hinten oder bei schönem Wetter draußen auf den Stufen. Auch Süßes steht auf der Karte. Es kann hier recht voll werden und das ist ja meistens ein gutes Zeichen.
brunnenstraße 158, www.facebook.com/jorisberlin, telefon: 030 47365973, geöffnet: mo-fr 9.00-17.00, preis: mittagessen 6 €, u-bahn u8 bernauer straße

(7) Das **Sankt Oberholz** war früher einmal eine Bierhalle und ein Hamburger-Restaurant, heute ist es ein Arbeitsort für Freiberufler mit Laptop. Hier entstand so manches Konzept für Berliner Start-ups. Kaffee, Säfte, Kuchen, Sandwiches: alles zur Selbstbedienung. Freie Plätze sind oft rar.
rosenthaler straße 72a, www.sanktoberholz.de, telefon: 030 24085586, geöffnet: mo-do 8.00-0.00, fr-sa 8.00-3.00, so 9.00-0.00, preis: 4 €, u-bahn u8 rosenthaler platz

(8) Eine Bäckerei, in der noch selbst gebacken wird, gibt es leider kaum noch. Bei **Zeit für Brot** werden die Backwaren den ganzen Tag über hinten im Laden produziert. Drinnen wie draußen gibt es Tische, an denen Langschläfer bis zum Nachmittag frühstücken können. Oder Sie genießen einen Kaffee mit einer Zimtschnecke oder einem Stück Streuselkuchen.
alte schönhauser straße 4, www.zeitfuerbrot.com, telefon: 030 28046780, geöffnet: mo-fr 7.30-20.00, sa 8.00-20.00, so 8.00-18.00, preis: 4 €, u-bahn u2 rosa-luxemburg-platz

(11) Das Café **Oliv** ist eine gute Adresse für Quiches oder ein Frühstück. Wer gerne Leute beobachtet, sollte sich auf der Terrasse niederlassen. Die Einrichtung ist schlicht: Holztische mit Hockern und als Hingucker immer ein Gemälde an der Wand.
münzstraße 8, oliv-cafe.de, telefon: 030 89206540, geöffnet: mo-fr 8.30-19.00, sa 9.30-19.00, so 10.00-18.00, preis: 6 €, u-bahn u8 weinmeisterstraße

(18) **Cookies Cream** ist eines der besten vegetarischen Restaurants Berlins, und schon der Weg dahin ist ein Erlebnis. Auf der "surrealistischen" Tour kommt man an Müllcontainern und einem Hotel mit einem gigantischen Kronleuchter vorbei. Unter den Glühbirnen klingeln, dann die Treppe hoch – Cookies Cream liegt oberhalb des dazugehörigen Club Cookies – und Sie haben es geschafft.
behrenstraße 55, zwischen westin grand hotel und komische oper, www.cookiescream.de, telefon: 030 27492940, geöffnet: di-sa sommer ab 19.00, winter ab 18.00, preis: dreigängemenü 39 €, s-bahn brandenburger tor, u-bahn u6 französische straße

(21) Coffeebar & Mediashop **westberlin** ist toll eingerichtet, hat guten Kaffee, leckere Sandwiches und Kuchen, dazu allerlei Zeitungen und Zeitschriften. Es gibt sogar Souvenirs.
friedrichstraße 215, www.westberlin-bar-shop.de, telefon: 030 25922745, geöffnet: mo-fr 8.30-19.00, sa-so 10.00-19.00, preis: 5 €, u-bahn u6 kochstrasse

(31) Arme Ritter, Weißwurst und Weizenbier: die Speisekarte von **Keyser Soze** gilt als "genial einfach". Das trifft eigentlich auf den ganzen Laden zu: Immer voll, immer gemütlich und immer dröhnt die S-Bahn unter dem Restaurant entlang.
tucholskystraße 33, www.keyser-soze.de, telefon: 030 28599489, geöffnet: täglich 7.30-3.00, preis: 10 €, s-bahn oranienburger straße

(33) Die **Ehemalige Jüdische Mädchenschule Berlin** hat eine komplizierte Geschichte. Der Bau war nahezu verfallen, wurde dann restauriert. Heute kann man hier essen. **Pauly Saal** ist ein Toprestaurant, das an die 1920er-Jahre erinnert. Gegenüber bei **Mogg & Melzer** werden jüdische Delikatessen serviert, wie Pastrami-Sandwich und Matzenbällchensuppe. Ebenso im Haus: Galerien und das Museum **The Kennedys**.
auguststraße 11-13, www.maedchenschule.org, für öffnungszeiten und eintrittspreise siehe webseite, u-bahn u6 oranienburger tor, s-bahn oranienburger straße

SANKT OBERHOLZ ⑦

Shoppen

② Die **Brunnenstraße** ist lang und bietet dem Besucher neben vielen Galerien und netten Läden allerlei Gelegenheiten für einen Kaffe oder ein Mittagessen. Schauen Sie bei **25books** (Nr. 152) und **objets trouvés** (Nr. 169) vorbei. An der Ecke Invalidenstraße (Nr. 19-21), gegenüber vom Weinbergspark, steht das ehemalige **Kaufhaus Jandorf**. Richtung Rosenthaler Straße finden Sie eine oft fotografierte Fassade mit der Aufschrift: "Dieses Haus stand früher in einem anderen Land".
brunnenstraße, u-bahn u8 bernauer straße, rosenthaler platz

④ Im ersten Abschnitt der **Invalidenstraße** gibt es viele neue Lokale, wie **Tommi's Burger Joint** oder das israelische **DJIMALAYA**. Ein Stück weiter ist der wunderbare Feinkostladen **Vom Einfachen das Gute**. Oder Sie gehen in die **Ackerhalle**, die frühere Markthalle VI, heute ein normaler Supermarkt, und kaufen sich eine Flasche Wasser für unterwegs.
invalidenstraße, u-bahn u8 rosenthaler platz

⑤ **Ocelot** ist eine wunderbare Buchhandlung, schön eingerichtet und mit vielen Büchertischen. Das Fachpersonal hilft gerne. Es gibt Lesesessel und auch einen langen Tisch, an dem man einen Kaffee trinken und ein Brötchen oder ein Stück Kuchen essen kann. Man findet hier allerlei Bücher über Berlin, den Schwerpunkt bildet aber die Literatur.
brunnenstraße 181, www.ocelot.de, telefon: 030 97894592, geöffnet: mo-sa 10.00-20.00, u-bahn u8 rosenthaler platz

⑥ Der **Torstraße** könnte man ein eigenes Kapitel widmen: Die zwei Kilometer lange Straße wird von Jahr zu Jahr schöner. Viel Verkehr und viel Betrieb, vor allem aber gute Restaurants (**3 Minutes sur Mer**, Nr. 167; **noto**, Nr. 173), Galerien und tolle Läden (**Happy Shop**, Nr. 67; **Das Stue**, Nr. 70). Mehr Infos auf unserer Website!
torstraße, u-bahn u8 rosenthaler platz, u2 rosa-luxemburg-platz

BRUNNENSTRASSE ②

⑩ In der **Rosa-Luxemburg-Straße** gibt es kleine Läden mit großen Überraschungen. Papierliebhaber sind bei **Luiban** (Nr. 28) oder **TYPE HYPE** (Nr. 9) genau richtig, um ein Accessoire mit Buchstaben zu erstehen. Bei **Waahnsinn Berlin** (Nr. 17) gibt es DDR-Design, Retromöbel und Accessoires. Kleidung für Männer gibt es bei **Ulf Haines Men** (Nr. 26); Frauen gehen zu **Ulf Haines Women** (Nr. 9) und für Dessous zu **Blush** (Nr. 22).
rosa-luxemburg-straße, geöffnet: mo-sa 12.00-20.00, u-bahn u2 rosa-luxemburg-platz

(12) Prima einkaufen kann man in der **Münzstraße** und in der **Alten Schönhauser Straße**, aber auch in den Seitenstraßen, wie der **Mulack-**, **Roch-** und **Weinmeisterstraße**. Von bekannten Ketten bis zu kleineren Läden, von Flagship-Store bis Vintage, hier findet man alles. Adressen auf der Webseite!
münzstraße/alte schönhauser straße, geöffnet: mo-sa 12.00-20.00 (die meisten läden), u-bahn u8 weinmeisterstraße

(17) Ein Besuch bei **Dussmann das Kulturkaufhaus** ist immer ein Erlebnis. In der imposanten Buchhandlung können Sie auf vier Etagen Abteilungen zu unzähligen Spezialgebieten entdecken. Im Erdgeschoss gibt es auch Papierwaren, Noten und englische Bücher. Neben dem Haupteingang befindet sich die Verkaufstelle für Konzert- und Theaterkarten.
friedrichstraße 90, www.kulturkaufhaus.de, telefon: 030 20251111, geöffnet: mo-fr 9.00-0.00, sa 9.00-23.30, s-bahn & u-bahn u6 friedrichstraße

(32) Früher war die **Auguststraße** der Mittelpunkt der jüdischen Gemeinde, heute ist sie das Zentrum der **Berlin Biennale für zeitgenössische Kunst**. Die Galerie **Kunst-Werke** befindet sich hier, und auch das Einrichtungsstudio **Hay Berlin**. Für den Hunger: **Shiso Burger**, **Simon**, **Strandbad Mitte**. Abends unbedingt ein Bier im **Hackbarth's** trinken!
auguststraße, s-bahn oranienburger straße, u-bahn u6 oranienburger tor, u8 weinmeisterstraße,

(35) **do you read me?!** ist eine unerschöpfliche Inspirationsquelle. In diesem Laden gibt es Zeitschriften und Bücher aus ungefähr zwanzig Ländern. Die Themen drehen sich vor allem um Kunst, Mode, Fotografie, Design, Architektur und Musik.
auguststraße 28, www.doyoureadme.de, telefon: 030 69549695, geöffnet: mo-sa 10.00-19.30, s-bahn oranienburger straße

(36) **Gestalten Space** ist eine Mischung aus Laden und Ausstellungsraum und wurde von Gestalten ins Leben gerufen, einem Verlag für Grafik, Architektur und Designbücher. Man kann dort Bücher kaufen, aber auch allerhand Designprodukte. Die Galerie bietet eine gute Plattform für junge Designer.
sophienstraße 21, zweiter hof, shop.gestalten.com, telefon: 030 20215821, geöffnet: mi-mo 12.00-19.00, u-bahn u8 weinmeisterstraße

Berlin live

(9) Die **Volksbühne Berlin** ist ein Theater fürs Volk und vom Volk. Der imposante Bau wurde 1913/14 errichtet, im Zweiten Weltkrieg schwer beschädigt und in den 50er-Jahren komplett wiederaufgebaut. Schon der Besuch des schönen Entrees und Foyers lohnt sich. Den Spielplan finden Sie im Internet.
rosa-luxemburg-platz, www.volksbuehne-berlin.de, telefon: 030 24065777, eintritt: ca. 20 €, u-bahn u2 rosa-luxemburg-platz

(29) Einst stand hier das Schloss Monbijou, doch es hat den Zweiten Weltkrieg und die DDR nicht überlebt. Die Baustelle wandelte sich zu Beginn des 21. Jahrhunderts in den **Monbijoupark** samt Freibad, Spielplatz, Theater, Restaurant und Liegestühlen an der Spree. Im Sommer tanzt man hier abends Tango und Salsa.
oranienburger straße, telefon: 030 3339509, s-bahn oranienburger straße

(34) Tanztee, Cha-Cha-Cha und Walzer stehen in **Clärchens Ballhaus** auf dem Programm. Das klingt vielleicht angestaubt, aber statt Senioren treffen sich am Sonntagmittag fesche Jungs und schwungvolle Mädels zum Tanzen. In dem Saal im Stil der 1950er-Jahre – mit Discokugel und Girlanden – findet zudem fast jeden Abend ein Ball statt. Doch auch zu zeitgemäßeren Klängen wird das Tanzbein geschwungen. Wer lieber Mauerblümchen spielt, kann sich mit einer phänomenal guten Pizza vergnügen.
auguststraße 24, www.ballhaus.de, telefon: 030 2829295, geöffnet: täglich ab 11.00, im winter ab 12.00, s-bahn oranienburger straße

MONBIJOUPARK

Mitte

SPAZIERGANG 1 (11 km)

Starten Sie an der Gedenkstätte Berliner Mauer (1), wählen Sie die West- oder Ostseite oder wechseln Sie ab. Dann rechts in die Brunnenstraße (2) mit Galerien und Geschäften; kleine Pause bei Joris (3). Gehen Sie bis zur Kreuzung Invalidenstraße und dort rechts für feine Food-Shops (4) oder weiter geradeaus an der Buchhandlung vorbei (5) bis zur Torstraße (6). Die Straße überqueren, links abbiegen am Sankt Oberholz vorbei (7). Biegen Sie die zweite Straße rechts ab in die Alte Schönhauser Straße (8), dann nach dem Spielplatz links in die Schendelgasse. Renovierte Plattenbauten. An der Almstadtstraße rechts, dann sofort links durch die Hirtenstraße. Schöne Sicht auf die Volksbühne (9). Jetzt rechts ab und der Rosa-Luxemburg-Straße (10) folgen. Biegen Sie an der Kreuzung rechts ab für ein Lunch bei Oliv (11) oder shoppen Sie in der Münzstraße (12). Zum Alexanderplatz (13) und Fernsehturm (14) geht es über Dircksenstraße Richtung Karl-Liebknecht-Straße. Ansonsten weiter durch die Rochstraße unter der Bahnbrücke hindurch, dann der Anna-Louisa-Karsch-Straße bis zur Museumsinsel (15) (16) folgen. Links abbiegen in die Straße Hinter dem Gießhaus, dann rechts und durch die Straße Unter den Linden flanieren. Für Kultur-Shopping biegen Sie an der Friedrichstraße rechts ab (17), ansonsten links (18). An der Französischen Straße links, dann sofort rechts abbiegen zum Gendarmenmarkt (19). Der Charlottenstraße folgen, dann rechts durch die Kronenstraße wieder zurück zur Friedrichstraße und zum Checkpoint Charlie (20). Bald kommt ein Café (21). Gehen Sie durch die Zimmerstraße Richtung Topographie des Terrors (22) und zu einem wunderbaren Museum (23). Am Ende rechts abbiegen zum Potsdamer Platz (24) und durch die Ebertstraße zum Holocaust-Mahnmal (25). Weiter zum Brandenburger Tor (26) und nach einer Linkskurve zum Reichstag (27). Bis zum Wasser, dann rechts, hinter der Bahnbrücke liegt der Tränenpalast (28). Überqueren Sie die Friedrichstraße, nach der Brücke rechts über die Terrasse gehen, dann an der Spree entlang. An der zweiten Brücke links abbiegen zum Monbijoupark (29) und links zur Neuen Synagoge (30). Biegen Sie rechts in die Tucholskystraße ab. Kurze Pause an der Ecke (31). Dann rechts durch die Auguststraße (32) und gut essen (33), tanzen (34) oder Zeitschriften kaufen (35). An der Großen Hamburger Straße rechts abbiegen, dann die Straße schräg in Richtung Sophienstraße überqueren (36). Am Ende rechts zu den Hackeschen Höfen (37).

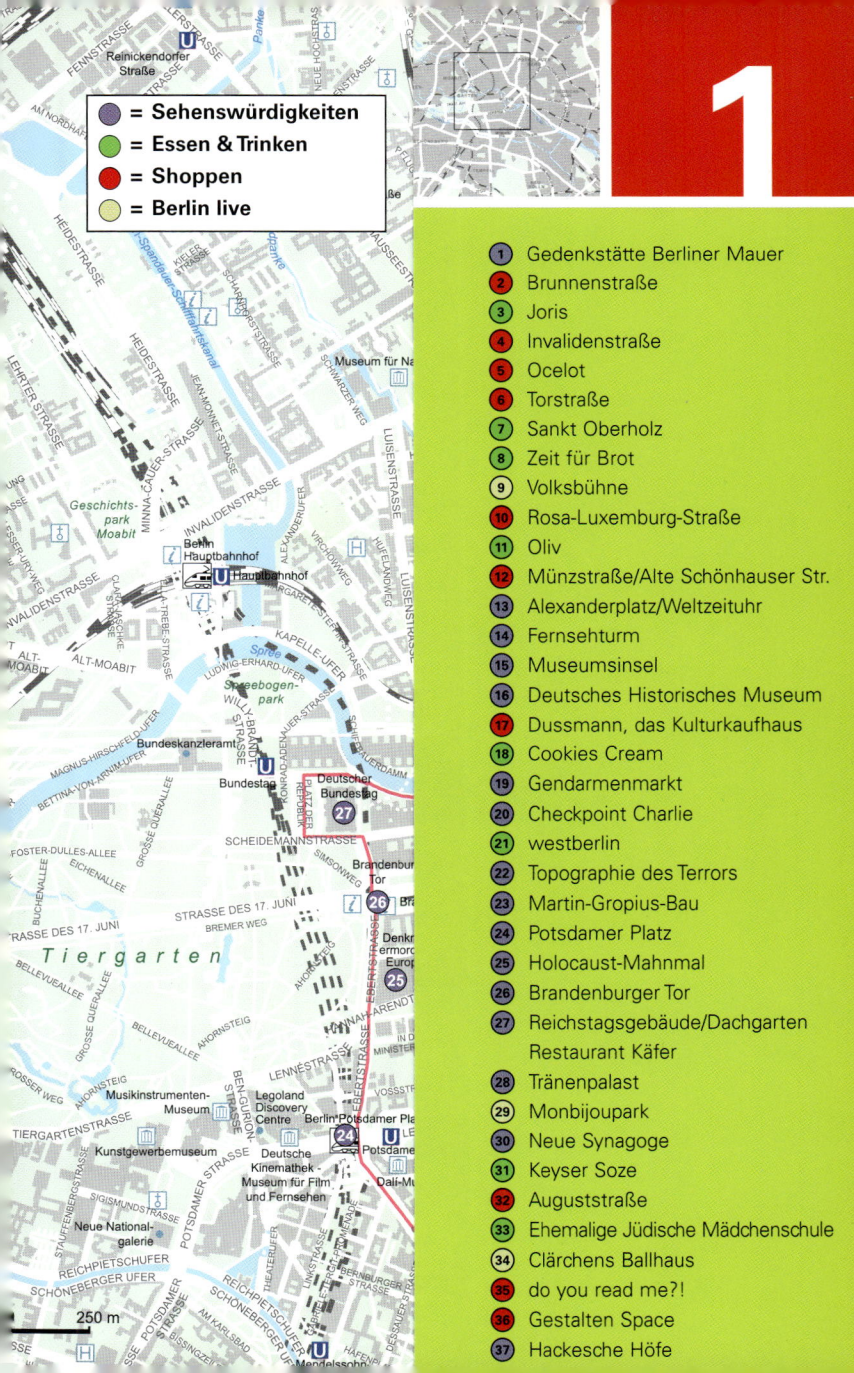

- = Sehenswürdigkeiten
- = Essen & Trinken
- = Shoppen
- = Berlin live

1. Gedenkstätte Berliner Mauer
2. Brunnenstraße
3. Joris
4. Invalidenstraße
5. Ocelot
6. Torstraße
7. Sankt Oberholz
8. Zeit für Brot
9. Volksbühne
10. Rosa-Luxemburg-Straße
11. Oliv
12. Münzstraße/Alte Schönhauser Str.
13. Alexanderplatz/Weltzeituhr
14. Fernsehturm
15. Museumsinsel
16. Deutsches Historisches Museum
17. Dussmann, das Kulturkaufhaus
18. Cookies Cream
19. Gendarmenmarkt
20. Checkpoint Charlie
21. westberlin
22. Topographie des Terrors
23. Martin-Gropius-Bau
24. Potsdamer Platz
25. Holocaust-Mahnmal
26. Brandenburger Tor
27. Reichstagsgebäude/Dachgarten Restaurant Käfer
28. Tränenpalast
29. Monbijoupark
30. Neue Synagoge
31. Keyser Soze
32. Auguststraße
33. Ehemalige Jüdische Mädchenschule
34. Clärchens Ballhaus
35. do you read me?!
36. Gestalten Space
37. Hackesche Höfe

Prenzlauer Berg

2

Der Prenzlauer Berg war einst der ärmste und am dichtesten besiedelte Stadtteil Berlins. Das alte **Arbeiterviertel** mit den schönen Altbauwohnungen aus der Zeit um 1900 hat wie durch ein Wunder den Zweiten Weltkrieg überstanden. Während der DDR-Zeit verwahrloste dieser Teil der Stadt allerdings sehr, und Künstler und Alternative nutzten die grauen Mietskasernen als Zufluchtsort. Die friedliche Revolution in der DDR begann in diesem Teil der Stadt, mehr dazu erfahren Sie bei einem Besuch der Gethsemane- und der Zionskirche.

Nach dem Fall der Mauer wurde der Prenzlauer Berg, der den vielsagenden Spitznamen "Der Wilde Osten" trug, zu einem der spannendsten Orte der Stadt. Aufgrund der zentralen Lage und der alternativen Atmosphäre ließen sich hier viele verrückte Läden und Kneipen nieder. Die Rebellen von früher sind entweder verschwunden oder schieben nun brav den Kinderwagen vor sich her. Die aufregende Atmosphäre weht aber noch immer durch die Straßen und man kann hier sehr gut **das Leben genießen**, wie etwa am Helmholtzplatz.

Der südliche Teil von Prenzlauer Berg hat noch am ehesten ein alternatives Flair, aber auch hier verschwinden die besetzten Häuser allmählich. Nicht umsonst wird die lange Kastanienallee inzwischen „Casting-Allee" genannt. Der Kollwitzplatz und Umgebung, das Viertel, in dem früher die meisten Künstler lebten, ist heute vor allem bei Yuppies beliebt. **Junge Familien** bestimmen diesen Stadtteil und sind in den unzähligen Läden und Lokalen überall anzutreffen. Im westlichen Teil von Prenzlauer Berg liegt der Mauerpark, die ehemalige Grenze zwischen Ost- und West-Berlin.

NUR KURZ HIER?
DIESE HIGHLIGHTS DÜRFEN SIE NICHT VERPASSEN:
+ **MAUERPARK** + **ODERBERGER STRASSE** + **KOLLWITZPLATZ**
+ **KULTURBRAUEREI** + **HELMHOLTZPLATZ**

ÜBER DIESEN SPAZIERGANG

Der Spaziergang beginnt „unten" am Berg, also strenggenommen noch in Mitte, und führt Sie an schönen Plätzen und Straßen entlang. Die östlich gelegene Prenzlauer Allee wird nicht überquert, jenseits davon liegt noch das nette Bötzowviertel, das an den Volkspark Friedrichshain grenzt.

+ **SCHÖNE ROUTE, WENN MAN BERLIN SCHON ETWAS KENNT**
+ **IDEAL FÜR SONNTAGS, WEGEN DER FLOHMÄRKTE**
+ **FÜR'S FAHRRAD WENIGER GEEIGNET, DA VIEL KOPFSTEINPFLASTER**

Sehenswürdigkeiten

④ Vikar Bonhoeffer warnte in den 30er-Jahren in der **Zionskirche** vor dem Nationalsozialismus. In den 80er-Jahren bildete sich hier der Widerstand gegen das DDR-Regime. Informationen über ihre Geschichte finden Sie in und außen an der Kirche. Am **Zionskirchplatz** gibt es diverse Restaurants und donnerstags einen Bio-Markt. Den Turm kann man sonntags besteigen.
zionskirchplatz, www.zionskirche-berlin.de, geöffnet: mo 20.00-22.00, di & fr-sa 13.00-19.00, mi 16.00-19.00, so 12.00-17.00, führung 2 €, u-bahn u8 rosenthaler platz

⑪ Auf dem ehemaligen Grenzstreifen zwischen Ost und West liegt der **Mauerpark**, Berlins größter Sammelplatz für kaputte Bierflaschen und Zigarettenstummel. Jeden Sonntag findet links neben dem Grünstreifen ein großer **Flohmarkt** statt. Man kann an vielen Ständen Essen kaufen und auf der Wiese spielen oft coole Bands.
ecke schwedter straße/bernauer straße, u-bahn u2 eberswalder straße

⑯ "Alltag in der DDR" ist eine Dauerausstellung im **Museum in der Kulturbrauerei**. Dokumente, biografische Berichte und über 800 Exponate liefern ein beeindruckendes Bild vom Leben der Menschen in der kommunistischen Diktatur.
knaackstraße 97, www.hdg.de/berlin/museum-in-der-kulturbrauerei/, telefon: 030 467777911, geöffnet: di-mi & fr-so 10.00-18.00, do 10.00-20.00, eintritt: frei, u-bahn u2 eberswalder straße

㉑ Die **Gethsemanekirche**, Ende des 19. Jahrhunderts erbaut, spielte in der Demokratiebewegung der DDR 1989 eine wichtige Rolle, daran erinnert auch Ernst Barlachs Plastik *Der Geistkämpfer* an der Südseite. Ihr gegenüber steht eine Informationssäule.
stargarder straße 77, www.ekpn.de/kirchen/gethsemanekirche/, geöffnet: so ab 11.00, eintritt: frei, s-bahn, u-bahn u2 schönhauser allee

㉜ Beim einstigen Wasserreservoir am **Wasserturmplatz** befindet sich ein romantischer Park. Doch es war hier nicht immer so idyllisch. Die Nationalsozialisten nutzten das Gelände ab 1933 für ein frühes Konzentrationslager.
wasserturmplatz, zwischen knaackstraße und belforter straße, u-bahn u2 senefelderplatz

㉕ HELMHOLTZPLATZ

Essen & Trinken

(1) Der Name der kleinen Kaffeebar **Galão** erinnert an den portugiesischen Espresso mit aufgeschäumter warmer Milch. Probieren Sie, im Stehen oder auf den Stühlen vor dem Laden, die pastel de nata (Vanillepuddingtörtchen) oder ein Croissant.
weinbergsweg 8, www.galao-berlin.de/cafe/, telefon: 030 44046882, geöffnet: mo-fr 7.30-20.00, sa 8.00-20.00, so 9.00-19.00, preis: 4 €, u-bahn u8 rosenthaler platz

(2) **Nola's** am Weinberg liegt im Park am Weinbergsweg. Alles in diesem Café trägt zur echt Schweizer Atmosphäre bei: Das Gebäude ähnelt einem Chalet, auf der Terrasse stehen Liegestühle, und man kann leckere schweizerische Gerichte essen. Der Sonntagsbrunch im Nola's ist ein Muss!
veteranenstraße 9, www.nola.de, telefon: 030 44040766, geöffnet: täglich 10.00-1.00, preis: 14 €, u-bahn u8 rosenthaler platz

(10) Der **Prater Biergarten** ist eines der ältesten Restaurants vom Prenzlauer Berg. Früher wurde hier deftige Hausmannskost aufgetischt, heute gehört ein avantgardistischer Volksbühnenkomplex zum Prater. Im schönen Garten kann man laue Sommerabende ausgezeichnet mit Bier und Bratwurst verbringen.
kastanienallee 7-9, www.pratergarten.de, telefon: 030 4485688, geöffnet: april-sept. bei schönem wetter täglich ab 12.00, preis: 4 €, u-bahn u2 eberswalder straße

(12) Köstliche Sandwiches, das wunderbare Frühstück *Belle Etage*, leckere Kuchen oder einfach einen Kaffee oder Tee mit einem "Splitterbrötchen" (süßes Brötchen, eine Berliner Spezialität). **Linnen** ist Hotel und Café in einem. Die Einrichtung ist ein gelungener Mix aus modern und antik.
eberswalder straße 35, www.linnenberlin.com, telefon: 030 47372444, geöffnet: di-do 9.00-18.00, fr-sa 9.00-22.00, so 9.00-18.00, preis: 6 €, u-bahn u2 eberswalder straße

(13) Im **Les Valseuses** hängt ein schickes Rennrad an der Wand und gegessen wird an hohen Holztischen mit Bistrohockern. Die beiden Inhaber, ein Belgier und ein Franzose, haben bereits in renommierten Berliner Restaurants gearbeitet. Es gibt Bistrogerichte und ungewöhnliche Aperitifs, wie den Diabolo.
eberswalder straße 28, www.lesvalseuses.de, telefon: 030 75522032, geöffnet: täglich ab 18.30, preis: 16 €, u-bahn u2 eberswalder straße

(14) **Konnopke's** selbst gemachte Currywurst ist inzwischen weltberühmt. Unter den U-Bahn-Gleisen stehen alle Berliner brav in der Schlange, vom Bauarbeiter bis zum Geschäftsmann.
schönhauser allee 44b, www.konnopke-imbiss.de, telefon: 030 4427765, geöffnet: mo-fr 10.00-20.00, sa 12.00-20.00, preis: 1,90 €, u-bahn u2 eberswalder straße

(18) Das hell und freundlich eingerichtete **Osmans Töchter** zählt zu den besten türkischen Restaurants in Berlin. Hier wird die moderne Küche Istanbuls gekocht, serviert in großen Schalen, die man sich mit seinen Tafelfreunden teilt. Reservierung empfohlen!
pappelallee 15, www.osmanstoechter.de, telefon: 030 32663388, geöffnet: täglich 17.30-0.00, preis: 12 €, u-bahn u2 eberswalder straße

(24) Das **Alois S.** (benannt nach dem Schriftsteller Alois Senefelder, wie auch die Straße) ist ein nettes Restaurant mit großer Terrasse und öffentlichem Spielplatz. Auf der Karte stehen Tapas und einfache spanische Gerichte. Wichtige Fußballspiele kann man sich hier in Liveübertragung anschauen.
senefelder straße 18, www.aloiss.de, telefon: 030 44719680, geöffnet: mo-fr 15.30-2.00, sa 13.00-2.00, so 11.00-2.00 (im winter verkürzte öffnungszeiten möglich), preis: tapas 4 €, gerichte 10 €, s-bahn prenzlauer allee

(25) Rund um den **Helmholtzplatz** gibt es viele Restaurants. Drehen Sie eine Runde und kehren Sie ein. Unsere Tipps: **Liebling**, **Wohnzimmer** und **Malinikoff** oder ein Eis bei **Naschkatze**. Um die Ecke ist **Sasaya** (Lychener Straße 50), ein guter Japaner.
helmholtzplatz, s-bahn prenzlauer allee, u-bahn u2 eberswalder straße

THE BARN ROASTERY ㉞

(28) Bei **Anna Blume** ist immer viel los, das liegt auch am wunderbaren Frühstück. Reservieren Sie unter der Woche, oder stehen Sie am Wochenende in der Schlange an. Die Etagère mit Frühstückshäppchen ist das Warten wert. Nachmittags trifft man sich hier zu Kaffee und Kuchen aus eigener Herstellung.
kollwitzstraße 83, www.cafe-anna-blume.de, telefon: 030 44048749, geöffnet: täglich 8.00-0.00, preis: frühstück für 2 personen € 18,50, u-bahn u2 eberswalder straße

(29) Im Restaurant und Café **November** gibt es Klassiker der deutschen Küche: einfach und lecker. Probieren Sie zum Beispiel die Königsberger Klopse oder die Senfeier mit Kartoffelbrei. Auf der großen Terrasse kann man stundenlang sitzen und sich die Leute anschauen. Gutes Frühstück gibt es hier auch.
husemannstraße 15, www.cafe-november.de, telefon: 030 4428425, geöffnet: mo-fr ab 10.00, sa-so ab 9.00, preis: 13 €, u-bahn u2 eberswalder straße

(34) In der Kaffeebar **The Barn Roastery** werden Bohnen von einer einzigen Plantage verwendet. Gönnen Sie sich ein Sandwich oder ein Stück Kuchen zum Kaffee. Gute Kaffeemaschinen und Filter gibt es ebenfalls. Eine zweite Filiale befindet sich in der Auguststraße 58.
schönhauser allee 8, barn.bigcartel.com, geöffnet: mo 11.00-16.00, di-do 8.30-17.00, fr 8.30-18.00, sa-so 10.00-18.00, preis: kaffee 2,50 €, u-bahn u2 senefelderplatz

(35) Es ist ein schöner Brauch in Berlin, ein Café oder ein Restaurant so zu nennen, wie es vom Vorinhaber noch auf der Fassade steht. Die **Fleischerei** ist heute ein Restaurant und serviert vor allem Fleischgerichte. Hier isst man gut, in behaglicher, heller Umgebung.
schönhauser allee 8, www.fleischerei-berlin.com, telefon: 030 50182117, geöffnet: mo-fr 12.00-15.00 & 18.30-0.00, sa-so 18.30-0.00, preis: 16 €, u-bahn u2 senefelderplatz

③ **GLÜCKLICH AM PARK**

Shoppen

③ **Glücklich am Park** gehört zur Minikette *Kauf Dich Glücklich*, die Niederlassungen in zehn deutschen Städten hat. Im Erdgeschoss gibt es warme Waffeln und Eis, im Obergeschoss modische, bezahlbare Kleidung. Weitere Filialen finden Sie in der Oderberger und in der Rosenthaler Straße.
kastanienallee 54, www.kaufdichgluecklich-shop.de, telefon: 030 41725651, geöffnet: täglich 10.00-20.00, u-bahn u8 rosenthaler platz

⑥ Die **Kastanienallee** wird auch "Casting-Allee" genannt. Hier dreht sich alles ums "Sehen und Gesehenwerden". Es gibt zahlreiche Läden mit neuen Modetrends, tollen Schuhen und vielem mehr. Auch Geschenkelädchen und ein besetztes Haus mit Café – überall gibt es etwas zu entdecken.
kastanienallee, u-bahn u2 eberswalder straße, u8 rosenthaler platz

⑦ "Surfer reiten über die Wellen, Longboarder nehmen die Straße." **Langbrett** ist ein Berliner Label für Longboards und das nötige Zubehör. Hier gibt es auch robuste, ökologische Kleidung von Patagonia. Werfen Sie unbedingt einen Blick auf die Accessoires an der Kasse.
kastanienallee 44, www.langbrett.com, telefon: 030 41997155, geöffnet: mo-sa 11.00-19.00, u-bahn u8 rosenthaler platz

⑧ Klassische Basics, ein eigenes Label, T-Shirts und Sweater, zeitlose Mode und auch ein bisschen Vintage: der **Mazooka Store** verkauft nicht nur Kleidung, sondern auch Accessoires und schöne Geschenke. Qualität und Fair Trade schreibt man hier ganz groß.
kastanienallee 34, www.mazooka.de, telefon: 030 44044628, geöffnet: mo-sa 13.00-19.00, u-bahn u8 rosenthaler straße

⑨ In der **Oderberger Straße** reihen sich zahllose Lokale und Läden aneinander. In **Paul's Boutique** (Nr. 47) gibt es Vintage-Sneakers und T-Shirts; bei **VEB orange** (Nr. 29) Geschirr, alte Landkarten und Sachen aus den 60ern und 70ern. Einen guten Kaffee erhält man bei **Bonanza Coffee Heroes** (Nr. 35) und Kinderkleidung bei **HIT-IN.TV** (Nr. 34).
oderberger straße, geöffnet: mo-sa ab ca. 12.00, u-bahn u2 eberswalder straße

(17) Von Berlin ist es nicht weit nach Polen, das vielen nach wie vor wenig bekannt ist. Im hell und modern gestalteten **NO WODKA** werden Kunst und Einrichtungsaccessoires aus dem Nachbarland verkauft. Ein Designbüro aus Warschau hat das Interieur des Ladens entworfen, das sich immer wieder wandelt. Momentan werden Kunst, Möbel, Kleidung, Accessoires und Schmuck angeboten.
pappelallee 10, www.nowodka.com, telefon: 030 48623086, geöffnet: mo-sa 12.00-19.00, u-bahn u2 eberswalder straße

(19) **Supalife Kiosk** ist ein Galerie-Laden mit Werken junger Illustratoren und "urbaner" Künstler: tolle Siebdrucke, Bücher, Karten, lustige T-Shirts, Kalender. Während der im Sechs-Wochen-Rhythmus wechselnden Ausstellungen bekommen Künstler die Möglichkeit, ihre Kunstwerke ins Rampenlicht zu stellen.
raumerstraße 40, www.supalife.de, telefon: 030 44678826, geöffnet: mo-sa 11.30-19.30, u-bahn u2 eberswalder straße

(20) Selbst gemachte Stempel, Geschenke, Mobiles, Karten und vieles mehr. Der kleine Laden **YOnkel Ork** platzt fast aus den Nähten. Hier findet man schöne Sachen für daheim und den Schreibtisch.
pappelallee 63, www.yonkelork.de, telefon: 030 21466241, geöffnet: mo 14.00-18.00, di-do & sa 10.00-18.00, fr 10.00-20.30, u-bahn u2 eberswalder straße, s-bahn & u-bahn u2 schönhauser allee

(22) In Berlin leben viele Skandinavier, und sie haben ihren eigenen Süßigkeitenladen. Bei **Herr Nilsson GODIS** wird aus großen Glasgefäßen und Körben allerlei Süßes verkauft, das man sich in eine Tüte oder ein Glas abfüllen darf. Es gibt auch eine Filiale in Friedrichshain (Wühlischstraße 58).
stargarder straße 58, www.herrnilsson.com, telefon: 030 54594585, geöffnet: mo-di 11.00-19.00, mi-fr 11.00-20.00, sa 12.00-18.00, so 13.00-18.00, s-bahn prenzlauer allee, s-bahn & u-bahn u2 schönhauser allee

MAZOOKA STORE (8)

20 **YONKEL ORK**

㉖ Bei **Goldhahn & Sampson** gibt es schön verpackte Delikatessen, Brot von einem guten Bäcker, ganz viel Schokolade, Tee, Kaffee und Wein. Man kann auch einen Kochkurs belegen. Und für Kochbuchliebhaber gilt: Ein größeres und besseres Angebot werden Sie in Berlin nicht finden.
dunckerstraße 9, www.goldhahnundsampson.de, geöffnet: mo-fr 8.00-20.00, sa 10.00-20.00, s-bahn prenzlauer allee & u-bahn u2 eberswalder straße

㉗ Bei der **POMERANZA design ranch** finden Sie Accessoires für daheim, Taschen, Papier, Gedrucktes, Küchensachen und Shirts mit dem Fernsehturm für Kinder. Kaffee, den man genüsslich vor der Tür trinken kann, gibt es auch.
raumerstraße 19, www.pomeranza-shop.de, telefon: 030 48495760, geöffnet: mo-fr 10.00-19.00, sa 11.00-18.00, s-bahn prenzlauer allee, u-bahn u2 eberswalder straße

㉚ Bei **Kontinentalwaren** werden ausschließlich Erzeugnisse aus Europa verkauft. Vieles kommt aus Deutschland, wie Klar-Seifen, Melamingeschirr von WACA und Huhn-Eierbecher von Sonja PLASTIC. Außer Haushaltsartikeln gibt es auch Spielzeug und Schreibutensilien.
husemannstraße 4, www.kontinentalwaren.de, telefon: 030 83218990, geöffnet: mo-mi 11.00-19.30, do-sa 10.00-20.00, u-bahn u2 eberswalder straße, senefelderplatz

Prenzlauer Berg

SPAZIERGANG 2 (ca. 6,5 km)

Starten sie unten am „Berg" mit einem Frühstück ①②. Biegen Sie links in die Fehrbelliner Straße ein, an der Ecke können Sie Waffeln essen oder shoppen ③. Biegen Sie rechts in die Zionskirchstraße ④ ein. Ein Stück weiter ist ein schöner Markt ⑤. Bis zur Kastanienallee ⑥ gehen, dann links, dort warten viele schöne Läden ⑦⑧. Weiter bis zur Oderbergerstraße ⑨, hier links gehen oder ein Stück weiter ein Bier ⑩ trinken. Am Ende der Oderbergerstraße liegt der Mauerpark ⑪. Vor dem Park rechts abbiegen, hier sind drei Restaurants ⑫⑬, eins unter der Brücke ⑭. Nach der Brücke biegen Sie rechts ab für Kultur ⑮⑯ oder Sie biegen schräg links ab und setzen den Spaziergang weiter fort durch die Pappelallee. Hier gibt es schöne Läden ⑰ und ein türkisches Restaurant ⑱. In einer Seitenstraße rechts gibt es einen Galerie-Laden ⑲. Ein Stück weiter in der Pappelallee kann man schön shoppen ⑳. Biegen Sie links ab in die Stargarder Straße. Die Gethsemane-Kirche ㉑ spielte eine Rolle beim Fall der Mauer. Gehen Sie um sie herum und dann zurück Richtung Pappelallee; auf der Stargarder Straße durchqueren Sie das Herz des Wohngebiets. Kaufen Sie Süßes ㉒, spielen Sie Tischtennis ㉓ oder essen Sie Tapas ㉔. Vom Starplatz rechts ab in die Dunckerstraße zum Helmholtzplatz ㉕ einbiegen. Dort findet man viele Restaurants für ein Mittag- oder Abendessen. Feinkost ㉖ gibt es auch. Weiter bis zur Raumerstraße, dort links abbiegen. Nach der Pomeranza design ranch ㉗ rechts abbiegen in die Senefelderstraße Richtung Danziger Straße. Überqueren Sie diese und gehen Sie geradeaus in die Kollwitzstraße zu Anna Blume ㉘. Rechts abbiegen, an einem Bücherbaum vorbei durch die Szredskistraße. An der Ecke ist ein Restaurant ㉙, biegen Sie hier links ab. Kontintentalwaren ㉚ hat viel Schönes. Biegen Sie jetzt links ab, hier treffen sich die *Latte Macchiato Muttis* am Kollwitzplatz ㉛; zwei Mal wöchentlich findet ein Bio-Markt statt. Rechts in die Kollwitzstraße einbiegen. An der Knaackstraße gehen Sie links am Wasserturmplatz ㉜ entlang. Gehen Sie hinauf oder herum, nach der Belforter Straße wieder rechts abbiegen, dann gleich links. Folgen Sie der Kollwitzstraße, überqueren Sie die Metzer Straße, gehen Sie am Park vorbei geradeaus und wieder hinunter. Kurz vor Mitte gibt es in der Schönhauser Allee Kunst ㉝, Kaffee ㉞ oder Steak ㉟.

2

1. Galão
2. Nola's
3. Glücklich am Park
4. Zionskirche/Zionkirchplatz
5. Arkonaplatz
6. Kastanienallee
7. Langbrett/Patagonia
8. Mazooka Store
9. Oderberger Straße
10. Prater Biergarten
11. Mauerpark
12. Linnen
13. Les Valseuses
14. Konnopke's Imbiß
15. Kulturbrauerei
16. Museum in der Kulturbrauerei
17. NO WODKA
18. Osmans Töchter
19. Supalife Kiosk
20. YOnkel Ork
21. Gethsemanekirche
22. Herr Nilsson GODIS
23. Starplatz
24. Alois S.
25. Helmholtzplatz
26. Goldhahn & Sampson
27. POMERANZA design ranch
28. Anna Blume
29. November
30. Kontintentalwaren
31. Kollwitzplatz/Kollwitzmarkt
32. Wasserturmplatz
33. PLATOON Kunsthalle/ Bite Club Berlin
34. The Barn Roastery
35. Fleischerei

- ● = Sehenswürdigkeiten
- ● = Essen & Trinken
- ● = Shoppen
- ● = Berlin live

S Oranienburger Straße

Friedrichshain

3

Friedrichshain ist der ursprünglichste Teil Ost-Berlins, geprägt von alteingesessenen Berlinern, Punks und **Graffitis**. Gleichzeitig ist Friedrichshain das Viertel mit der rasantesten Entwicklung, was an den zahllosen Häuser-Renovierungen und der steigenden Anzahl junger Familien zu sehen ist. In dem ehemaligen Arbeiterquartier entsteht ständig Neues, gespeist aus der **Kultur- und Kreativwirtschaft**. Junge Modedesigner, Künstler, Musiker und Studenten lassen sich nur allzu gerne hier nieder. Die Atmosphäre ist alternativ, rau und eigensinnig. Graffitisprüche protestieren gegen die Invasion der Yuppies, und auch die Hausbesetzerfront lässt noch regelmäßig von sich hören.

Im westlichen Teil liegt die Karl-Marx-Allee mit monumentalen Gebäuden wie dem Frankfurter Tor, die das Ergebnis der **sozialistischen Bauwut** in den 50er-Jahren waren. Im Kontrast hierzu steht die nahe gelegene Simon-Dach-Straße, die als "Kneipenmeile" bekannt ist. Hier schauen auch gerne mal die Touristen vorbei. In den Straßen rund um den Boxhagener Platz gibt es ausgefallene Geschäfte, Galerien und Restaurants. Noch ist der Bahnhof Ostkreuz Baustelle, aber bereits jetzt entstehen hier neue Läden und Lokale. Im Dreieck Wühlisch-, Simplon- und Gärtnerstraße haben sich die interessantesten Läden und Bars niedergelassen.

Das längste noch erhaltene Stück Mauer – die **East Side Gallery** – wirkt wie ein großes Freilichtmuseum, das jeder Berlinbesucher gesehen haben will. Authentisch ist es keineswegs, denn die Westseite der Mauer war bemalt, nicht die Ostseite. Auf dem einstigen Niemandsland haben sich inzwischen viele Medienunternehmen angesiedelt; ein Dorn im Auge der eher links orientierten Einwohner.

NUR KURZ HIER?
DIESE HIGHLIGHTS DÜRFEN SIE NICHT VERPASSEN:
+ **KARL-MARX-ALLEE** + **EAST-SIDE-GALLERY** + **URBAN SPREE**
+ **BOXHAGENER PLATZ** + **OBERBAUMBRÜCKE**

ÜBER DIESEN SPAZIERGANG

Der Spaziergang ist nicht so ausgedehnt, aber Architekturliebhaber können auch ein Stück früher an der Karl-Marx-Allee beginnen. Der erste Teil wird dadurch recht lang, aber man kann hier entspannt spazieren. Die Straßen rund um den Boxhagener Platz sind alle interessant und laden zum Umherstreifen ein. Der RAW-tempel ist auch tagsüber schön.

+ **JUNGES UND MANCHMAL ETWAS RAUES VIERTEL**
+ **PERFEKT AM NACHMITTAG & ABEND, VIELE RESTAURANTS UND BARS**
+ **DER ERSTE TEIL EIGNET SICH AUCH FÜR'S FAHRRAD**

Sehenswürdigkeiten

(·) Zwei Jahre nach dem Mauerbau eröffnete das **Kino International**, das Premierenkino der DDR-Filmproduktion. Nach einem Kinobesuch geht man gern gegenüber auf einen Drink in die **Bar Babette** oder ins sehenswerte Restaurant **Cafe Moskau** daneben. Architekturfans werden von diesem Teil der Karl-Marx-Allee begeistert sein.
karl-marx-allee 33, www.kino-international.com, für öffnungszeiten und eintrittspreise siehe webseite, u-bahn u5 schillingstraße

(3) Die beiden markanten Türme des **Frankfurter Tors** flankieren die imposante **Karl-Marx-Allee**. Die monumentalen Wohnblocks zu beiden Seiten des 2,3 Kilometer langen Boulevards lassen den Besucher eher an Moskau als an Berlin denken. Kein Wunder: Die "Arbeiterpaläste" wurden in den 50er-Jahren nach dem Vorbild einer Sowjetstadt konzipiert, im Zuckerbäckerstil des sozialistischen Klassizismus, mit verspielten Verzierungen, Säulen und sandfarbenen Ziegeln.
karl-marx-allee, u-bahn u5 frankfurter tor

(28) Das alte backsteinerne Fabrikgelände **Oberbaum City** war früher als "Lampenstadt" bekannt. Hier produzierte Osram einst Glühbirnen. In den renovierten Industriegebäuden befinden sich inzwischen viele Medienbetriebe.
warschauer platz/rotherstraße, s-bahn & u-bahn u1 warschauer straße

(31) Berlin hat angeblich mehr Brücken als Venedig, und die **Oberbaumbrücke** ist mit Abstand die schönste. Ende des 19. Jahrhunderts richtete man die Brücke als Zollstelle für Boote ein, die in die Stadt fahren wollten. Während des Kalten Krieges fungierte sie als Grenzposten zwischen Ost-Berlin (Friedrichshain) und West-Berlin (Kreuzberg). Tipp: Die märchenhafte Abendstimmung genießen!
warschauer straße/skalitzer straße, s-bahn & u-bahn u1 warschauer straße

(32) Die Spree war zu Zeiten des geteilten Berlins die Grenze zwischen Friedrichshain (Osten) und Kreuzberg (Westen). An der Mühlenstraße ist ein 1,3 km langes Stück der Berliner Mauer erhalten geblieben, das kurz nach dem Mauerfall von 118 Künstler aus 21 Ländern bemalt wurde. Es bekam den Namen **East Side Gallery** und wurde 2009, zwanzig Jahre nach der Wende, renoviert.
mühlenstraße, www.eastsidegallery-berlin.de, s-bahn & u-bahn u1 warschauer straße

22 **DATSCHA**

Essen & Trinken

⑨ Salate, Suppen und Rührei werden bei **Weder gestern noch morgen** mit viel Liebe zubereitet. Und das schmeckt man! Suchen Sie sich ein Frühstück aus: französisch, englisch, deutsch oder vegan.
gärtnerstraße 22, www.facebook.com/wedergesternnochmorgen, telefon: 030 89569615, geöffnet: täglich 7.00-19.00, preis: 6 €, u-bahn u5 samariterstraße

⑭ Die **Simon-Dach-Straße** ist die Straße mit der größten Gastronomiedichte Berlins. Sobald die Dämmerung einbricht, strömen vor allem Studenten und Rucksacktouristen aufgrund der günstigen Preise hierher. Cocktails kosten meist nicht mehr als 4 Euro. Auch lecker: die **Eismanufaktur**, Hausnummer 9.
simon-dach-straße, s-bahn & u-bahn u1 warschauer straße

⑮ **Cupcake Berlin** war der erste Laden in der Stadt, der diese kleinen Kuchen verkauft hat. Spannende Kombinationen: *The King* mit Bananen und Erdnussbutter und *Pretty in Pink* erinnert stark an die 80er-Jahre.
krossener straße 12, www.cupcakeberlin.de, telefon: 030 25768687, geöffnet: mo-di 13.00-19.00, mi-so 12.00-19.00, preis: 3 €, s-bahn & u-bahn u1 warschauer straße

⑳ Um ein echtes Friedrichshainer Bier zu probieren, muss man bei der Brauerei **Hops & Barley** vorbeischauen. Neben Pilsner, Dunklem und Weizen werden auch Spezialsorten gebraut. Am Sonntagabend kann man hier zwischen Braukesseln eine Folge *Tatort* gucken.
wühlischstraße 22-23, www.hopsandbarley-berlin.de, telefon: 030 29367534, geöffnet: mo-fr 17.00-3.00, sa-so 15.00-3.00, preis: 3,50 €, s-bahn & u-bahn u1 warschauer straße, s-bahn ostkreuz

㉑ Ins **Schneeweiß** zieht es hippe Berliner aus allen Stadtteilen. Und es will schon was heißen, wenn die Bewohner von Mitte oder Charlottenburg ihren Kiez verlassen, um sich ins anarchische Friedrichshain zu begeben. Die *New York Times* schrieb über das kristallweiß eingerichtete Restaurant: "Vergessen Sie Bratwurst und genießen Sie die leichtere deutsche Küche im Schneeweiß."
simplonstraße 16, www.schneeweiss-berlin.de, telefon: 030 29049704, geöffnet: mo-fr 18.00-1.00, sa-so 10.00-1.00, preis: 20 €, s-bahn & u-bahn u1 warschauer straße

(22) Bei **Datscha** gibt es traditionelle russische Küche in modernem Gewand. Probieren Sie *kolchos*, das Bauernfrühstück, oder *blini*, russische Pfannkuchen. Sonntags kann man auch brunchen. Die Einrichtung ist gemütlich: Faulenzerstühle, zahlreiche Fotos und Bilder.
gabriel-max-straße 1, www.cafe-datscha.de, telefon: 030 70086735, geöffnet: mo-sa ab 10.00, so 9.00-15.00, preis: 11 €, s-bahn & u-bahn u1 warschauer straße

(24) Lustigerweise sprechen die Eigentümer von **No Hablo Español** doch recht gut Spanisch. In dem winzigen Imbiss bestellt man Burritos oder Quesadillas zum Mitnehmen. Probieren Sie unbedingt die Indian Burrito oder die Chorizo & Cheddar Quesadilla – sie sind köstlich! Auch für Vegetarier und Veganer ein Tipp!
kopernikusstraße 22, www.nohabloespanol.de, telefon: 030 95609351, geöffnet: di-sa ab 12.00, preis: 5 €, s-bahn & u-bahn u1 warschauer straße

(27) Berlin ist bekannt für alles, was bio ist, und das Bild trifft trotz der Currywurst zu. **Veganz** ist der größte vegane Supermarkt in Europa, mit über 6000 verschiedenen Produkten im Angebot. Drinnen gibt es das Restaurant **Goodies**. Dort können Sie vegan frühstücken, mittagessen oder ein leckeres Stück Kuchen genießen.
warschauer straße 33, www.veganz.de, telefon: 030 29009435, geöffnet: mo-sa 10.00-23.00, so 10.00-20.00, goodies mo-fr 8.00-21.00, sa 9.00-20.00, so 10.00-20.00, s-bahn & u-bahn u1 warschauer straße

(29) Das Publikum der **Coffee Bar** in der Oberbaum City setzt sich vor allem aus kreativen Typen der Medien-, Werbe- und Entertainment-Branche zusammen. Das ist ja auch kein Wunder, bei den zahlreichen Agenturen und Studios in der Nähe. In dieser schönen Kaffeebar trinken die wohlgestylten Newcomer ihre Smoothies, essen ein Sandwich oder eine Suppe und trinken dann literweise Kaffee, um sich mit neuer Energie in die Arbeit zu stürzen.
rotherstraße 19, www.coffee-bar-berlin.de, telefon: 030 29351000, geöffnet: mo-fr 7.30-18.00, preis: 4 €, s-bahn & u-bahn u1 warschauer straße

(30) Schöne Hotels finden Sie auf der 100%-Travel-Webseite, aber das **Michelberger Hotel** hat auch eine Bar und ein Restaurant. Frühstücken kann man täglich. Dienstag bis Freitag ist das Restaurant mittags und abends geöffnet. In der Küche werden regionale Produkte verwendet. Die Karte ist klein, aber fein.
warschauer straße 39-40, www.michelbergerhotel.com, telefon: 030 29778590, geöffnet: frühstück mo-fr 7.00-11.00, sa-so 8.00-12.00, mittagessen mo-fr 12.00-15.00, abendessen di-so 19.00-23.00, preis: 16 €, s-bahn & u-bahn u1 warschauer straße

Shoppen

④ Edle Füller mit Ledermäppchen zum Aufbewahren: **Schoene Schreibwaren** ist ein Paradies für alle, die gerne mit Tinte schreiben. Nebenan befindet sich ein Buchbinder, dessen Notizbücher und Fotoalben Sie auch hier erstehen können. Im Weinbergsweg ist noch ein zweites Geschäft.
niederbarnimstraße 6, www.schoeneschreibwaren.com, telefon: 0176 62893430 , geöffnet: mo-fr 10.00-19.00, sa 10.00-18.00, u-bahn u5 samariterstraße, frankfurter tor

⑤ Schmuck aus Plexiglas, Stoff und Papier: **SupaRina** hat aparte Dinge, alle von der Inhaberin selbst gefertigt. Sehr beliebt sind die Stücke mit Revolver, Roboter oder dem Fernsehturm. Es gibt auch originell bedruckte T-Shirts, warme Schals und süße Deko-Wandsticker.
niederbarnimstraße 6, www.suparina.de, telefon: 030 66309642, geöffnet: mo-fr 13.00-18.00, sa 12.00-16.00, u-bahn u5 samariterstraße, frankfurter tor

⑥ Wer den Einrichtungsstil der 50er- und 60er-Jahre liebt, der ist bei **Liebe Møbel Haben** genau richtig. Viele Designklassiker, vor allem aus Skandinavien und Italien, schmücken den Laden; nicht nur Tische und Stühle, sondern auch Lampen und Accessoires, die vielleicht auch noch einen Platz im Koffer finden könnten.
boxhagener straße 113, www.liebemoebelhaben.de, telefon: 030 64490239, geöffnet: mi-fr 12.00-18.00, sa 11.00-18.00, u-bahn u5 frankfurter tor

⑦ In Berlin scheint es an jeder Ecke einen *Späti* zu geben: kleine Läden mit Getränken, Zigaretten, Knabberkram und sehr langen Öffnungszeiten. Fast vergisst man, dass es auch noch echte Getränkehandlungen gibt, wie zum Beispiel **Getränkefeinkost**. Suchen Sie etwas Besonderes? Schauen Sie vorbei: 350 Biersorten, 100 Limonaden und vieles mehr.
boxhagener straße 24, getraenkefeinkost.de, telefon: 030 25933800, geöffnet: mo-fr 13.00-20.00, sa 11.00-20.00, u-bahn u5 frankfurter tor

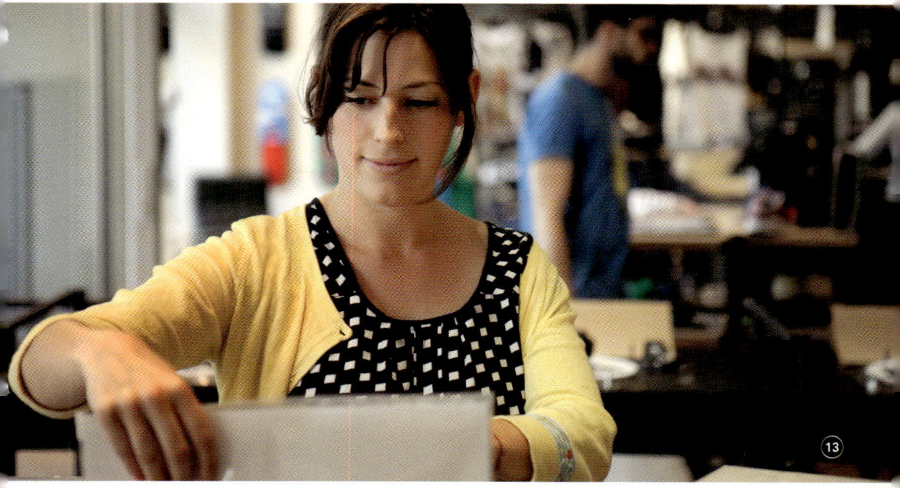

13

SUICIDAL
OBEY POSSE
SUICIDAL TENDENCIES

13

The
DALI
WHY WEAR YOUR MOUSTACHE THE RIGHT WAY UP WHEN YOU COULD WEAR IT UPSIDE DOWN?

17

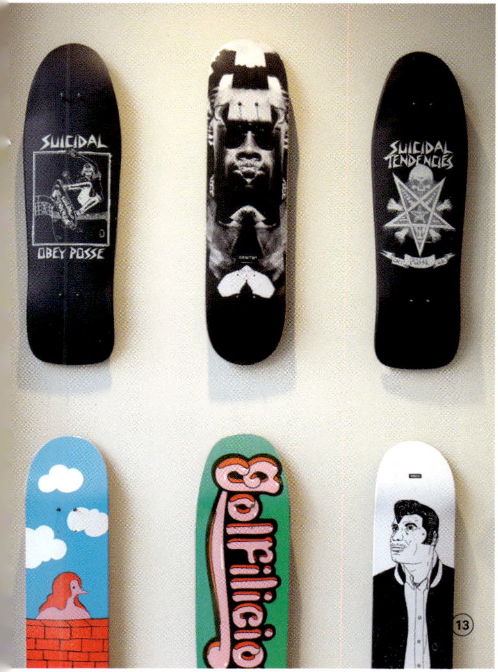

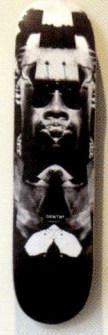

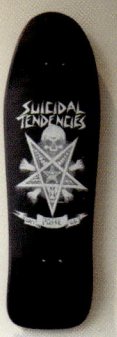

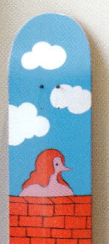

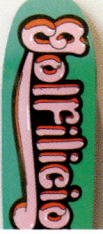

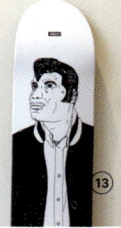

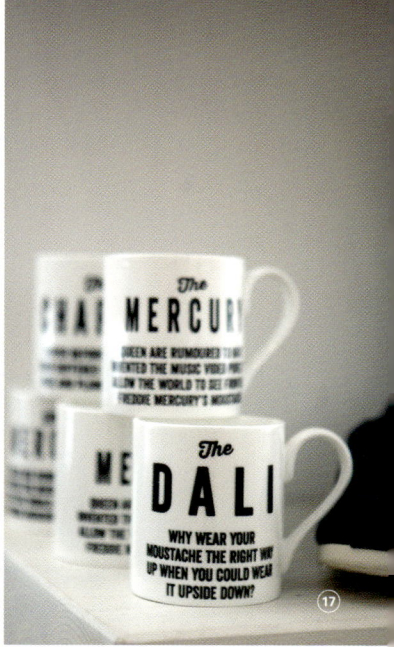

(8) Im Werkstatt-Laden **Aufschnitt** arbeiten mehrere Designer zusammen. Dort gibt es unter anderem ausgefallene Mode von Yvonne Lamprechts Marke YV*L. Der Blickfänger des Ladens sind die "Stoff-Fleischwaren". Die Plüschblutwürste und Schinkensitzsäcke sind ein wirklich originelles und absolut typisches Berliner Souvenir.
boxhagener straße 32, www.aufschnitt.net, telefon: 030 63371548, geöffnet: mo-fr 12.00-20.00, sa 14.00-18.00, u-bahn u5 samariterstraße

(10) Oft sind Vintage-Läden von oben bis unten vollgestopft mit Kleidungsstücken, bei **Sometimes Coloured** nicht! Sorgfältig ausgewählte Kleider und Accessoires, mal günstig, mal etwas teurer. Ganz nach dem Motto: Es gibt genug Sachen zum Anziehen auf der Welt, und was bei dem einen ein Ladenhüter ist, wird bei dem anderen zum Lieblingsstück.
grünberger straße 90, www.sometimescoloured.de, telefon: 030 29352075, geöffnet: mo-fr 12.00-20.00, sa 11.00-19.00, u-bahn u5 samariterstraße

(12) Die **BUCHBOX!** ist eine "Kiezbuchhandlung", ein Laden fürs Viertel mit Lesungen und Literaturveranstaltungen. Besonders angenehm: Hier arbeiten Leute mit viel Begeisterung und Fachverstand.
grünberger straße 68 , www.buchboxberlin.de, telefon: 030 20078243, geöffnet: mo-sa 9.30-20.30, u-bahn u5 samariterstraße, frankfurter tor

(13) Um die Ecke vom RAW-tempel, dem Skater-Treffpunkt, gibt es nebeneinander zwei kleine Skater-Läden. Bei **hhv.de Store** bekommt man klassische Boards, aber auch Sneakers und Vinyl. Man kann sich sogar ganz altmodisch Platten anhören. **Lassrollen** hat Longboards und alles, was man sonst noch zum Skaten brauchen könnte.
grünberger straße 54/grünberger straße 42, hhv.de, lassrollen.de, telefon: 030 29367377, geöffnet: hhv.de mo-sa 12.00-20.00, lassrollen mo 13.00-19.00, di-fr 11.00-20.00, sa 11.00-18.00, u-bahn u5 frankfurter tor

(16) Schicke Sneakers und coole Sonnenbrillen, eigentlich alles, was ein Mann sich wünschen kann, findet er bei **Stereoki**. Ein Bekleidungsgeschäft nur für Ihn, mit ausgewählten Marken. Solche Läden braucht Berlin.
gabriel-max-straße 18, stereoki.com, telefon: 030 53794667, geöffnet: mo-fr 12.00-20.00, sa 11.00-19.00, s-bahn & u-bahn u1 warschauer straße

⑰ **Victoria met Albert** richtet sich an "die Frau, die alles hat, und den Mann, der nichts braucht". Schöne Kleidung von nordeuropäischen Marken. Schuhe, Accessoires, alles für Sie und Ihn. Dazu locken noch farbenfrohe Einrichtungsgegenstände und Kindergeschenke. Ein weitere Filiale ist in Prenzlauer Berg.
krossenerstraße 9-10, www.victoriametalbert.com, telefon: 030 29774366, geöffnet: mo-sa 11.00-20.00, s-bahn ostkreuz, u-bahn u5 samariterstraße

17 VICTORIA MET ALBERT

(18) Das einladende Geschäft **Visby** verkauft Damenmode von skandinavischen Marken: *Nümph*, *Modström*, *Rules by Mary* und *mbyM*. Die Kleidungskollektion wird durch schicke Taschen und Schuhe ergänzt.
gärtnerstraße 26, www.visby-berlin.de, telefon: 030 81808418, geöffnet: di-fr 12.00-20.00, sa 11.00-18.00, s-bahn ostkreuz, u-bahn u5 samariterstraße

(19) **Schwesterherz** ist eine Schatzkammer voll schöner Papierwaren, Karten, fröhlichem Geschirr und Berliner Geschenken. Das tolle Geschenkpapier ist eigentlich viel zu schön, um etwas einzupacken und es dann wegzuwerfen. Vielleicht sollte man es lieber einrahmen und an die Wand hängen? An der Saftbar gibt es leckere Smoothies, und nebenan im Laden **Küchenliebe** alles, was das Herz eines Hobbykochs begehrt.
gärtnerstraße 28, www.schwesterherz-berlin.de, telefon: 030 77901183, geöffnet: mo-mi 11.00-19.00, do-fr 11.00-20.00, sa 10.30-19.00, s-bahn ostkreuz, u-bahn u5 samariterstraße

(23) **Olivia** ist ein Paradies voll mit Süßigkeiten – von österreichischen Schokoladenriegeln über Cassis-Trüffeltorte bis hin zu Keksen. Man kann die Köstlichkeiten mit nach Hause nehmen oder – wenn man es nicht mehr aushält – gleich mit einem Kaffee oder einer Schokoladenmilch auf der Terrasse genießen.
wühlischstraße 30, www.olivia-berlin.de, telefon: 030 60500368, geöffnet: mo-sa 12.00-19.00, so 13.00-18.00, s-bahn & u-bahn u1 warschauer straße

Berlin live

(2) Das Kaffeehaus gibt es schon seit den 1950er- Jahren und glücklicherweise ist das **Café Sibylle** non der Neugestaltung des Boulevards in den 1990er-Jahren verschont geblieben. Noch interessanter als der Kaffee ist allerdings die Dauerausstellung über die Karl-Marx-Allee mit ihren beeindruckenden "Arbeiterpalästen".
karl-marx-allee 72, www.cafe-sibylle.de, telefon: 030 29352203, geöffnet: mo-sa 9.00-22.00, so 12.00-20.00, preis: kuchen 3 €, u-bahn u5 strausberger platz

(11) Auf dem **Boxhagener Platz** hängt eigentlich immer eine Gruppe "echter" Friedrichshainer mit ihren Bierflaschen herum. Daneben lassen Eltern ihren Nachwuchs auf dem Spielplatz herumtollen. Samstags findet hier ein Biomarkt und sonntags der Flohmarkt statt.
grünberger straße, geöffnet: wochenmarkt sa 8.00-14.30, flohmarkt so 10.00-18.00, u-bahn u5 samariterstraße

(25) Der **RAW-tempel** ist ein Gelände voller alternativer Kultur. Hinter der hohen Mauer der ehemaligen Reichsbahn-Wartungswerkstatt verstecken sich die Clubs **Cassiopeia** und **Suicide Circus**, der Konzertsaal **Astra**, die Skatehalle (*www.skatehalle-berlin.de*) und eine Kletterwand. Von Mai bis September kann man sich dort im Freiluftkino Filme ansehen und sonntags auf dem Flohmarkt herumstöbern.
revaler straße 99, www.raw-tempel.de, telefon: 030 2924695, gelände durchgehend zugänglich, clubs wechselnde öffnungszeiten, s-bahn, u-bahn u1 warschauer straße

(26) Mitten in Friedrichshain findet man auf dem Terrain des RAW-tempels einen Bereich namens **Urban Spree**. Moderne Kunst und Streetart, lautet die Zauberformel. Es gibt Kunstausstellungen, Veranstaltungen, Workshops, Pop-up-Restaurants und Modenschauen. Es gibt auch eine große Bar und einige Essgelegenheiten.
revaler straße 99, www.urbanspree.com, wechselnde öffnungszeiten, s-bahn, u-bahn u1 warschauer straße

RAW-TEMPEL ㉕

Friedrichshain

SPAZIERGANG 3 (ca. 6 km)

Wer ein paar Kilometer zusätzlich nicht scheut und Architektur liebt, der startet beim Kino International (1), oder sonst am Café Sibylle (2). Die beiden Türme bilden das Frankfurter Tor zur Karl-Marx-Allee (3), die in die Frankfurter Allee übergeht. Folgen Sie ihr und biegen Sie dann rechts in die Niederbarnimstraße ein zum Shoppen (4) (5). Frühstück oder ein Getränk finden man dort auch. Anschließend die Boxhagener Straße entlang, rechts ab sind zwei klasse Läden (6) (7). Jetzt links, vorbei an einem Laden mit Knuddelwurst (8). Hier rechts durch die Gärtnerstraße (9) gehen. An der Grünberger Straße nach links für Vintage (10), sonst rechts Richtung Boxhagenerplatz (11), mit einem Bio-Markt jeden Samstag und einem Flohmarkt am Sonntag. Am Platz ist eine Buchhandlung (12). Skaterfans gehen weiter geradeaus (13) alle anderen gleich links. In der Simon-Dach-Straße (14) gibt es die höchste Kneipendichte in Berlin. Die Straße auf und ab schlendern, anschließend links in die Krossener Straße für Cupcake (15) und Männermode (16). Schräg an der Ecke auf der anderen Seite befindet sich Victoria mit Albert (17). Dort nach rechts der Gärtnerstraße (18) (19) (20) folgen. Nach einer scharfen Rechtskurve kommt die Simplonstraße mit dem Restaurant Schneeweiß (21). Biegen Sie dann rechts in die Gabriel-Max-Straße ein für ein russisches Frühstück (22). Kaufen Sie sich in der Wühlischstraße etwas Leckeres für Daheim (23) oder einen Burrito (24). Über die Libauer Straße verlassen Sie das Wohngebiet. Sie gehen Richting RAW-tempel (25) mit dem Kunstzentrum und der Bar Urban Spree (26). Anschließend durch die Revaler Straße zur Warschauer Straße weiter, dort links abbiegen. Auf der gegenüberliegenden Seite befindet sich ein veganer Supermarkt (27) mit Lunch-Angebot. Oder Sie spazieren über die Brücke zur hinter der U-Bahnstation gelegenen Oberbaum City (28) mit Coffee Bar (29) und einem der schönsten Berliner Hotels (30). Weiter geht's zur wunderbaren Oberbaumbrücke (31). Spazieren Sie zurück in die Mühlenstraße für einen Besuch der East Side Gallery (32). Dahinter liegt ein Park mit prächtigem Sonnenuntergang (33). Wollen Sie noch mehr erleben, dann ist der Stadtstrand YAAM (34) genau richtig.

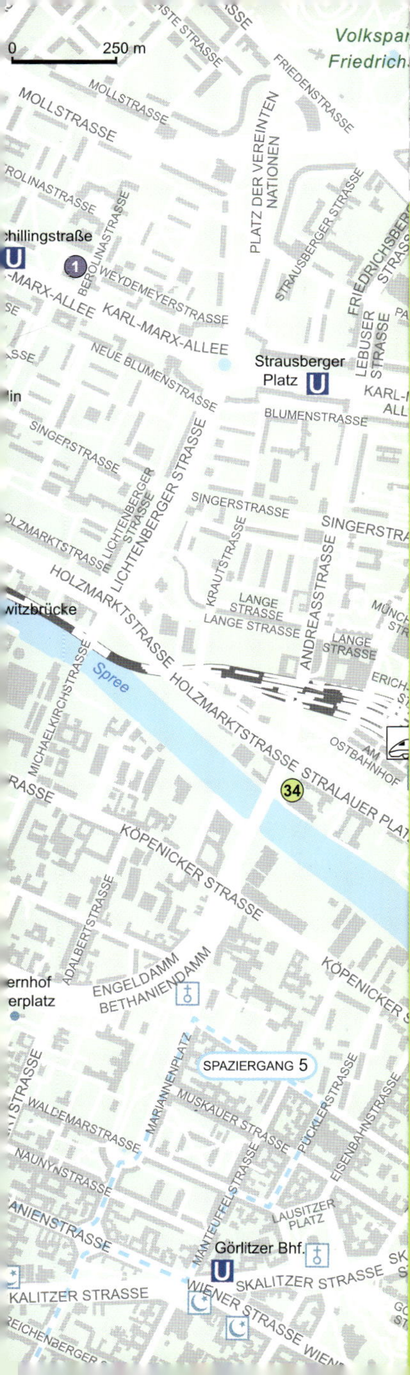

3

1. Kino International/Bar Babette
2. Café Sibylle
3. Karl-Marx-Allee
4. Schoene Schreibwaren
5. SupaRina
6. Liebe Møbel Haben
7. Getränkefeinkost
8. Aufschnitt
9. Weder gestern noch morgen
10. Sometimes Coloured
11. Boxhagener Platz
12. BUCHBOX!
13. hhv.de Store/Lassrollen
14. Simon-Dach-Straße
15. Cupcake Berlin
16. Stereoki
17. Victoria met Albert
18. Visby
19. Schwesterherz/Küchenliebe
20. Hops & Barley
21. Schneeweiß
22. Datscha
23. Olivia
24. No Hablo Español
25. RAW-tempel
26. Urban Spree
27. Veganz/Goodies
28. Oberbaum City
29. Coffee Bar
30. Michelberger Hotel
31. Oberbaumbrücke
32. East Side Gallery
33. East Side Park
34. YAAM

Charlottenburg & Schöneberg

4

In den 70er- und 80er-Jahren bildeten Charlottenburg und Schöneberg (und das benachbarte Wilmersdorf) das **Zentrum von West-Berlin**. Touristen kamen am berüchtigten Bahnhof Zoo an, stolperten über die Junkies und übernachteten in einem der Hotels am Kurfürstendamm. Nach dem Mauerfall bekam Ost-Berlin alle Aufmerksamkeit, und West-Berlin geriet aus der Mode. Berühmte Theater und traditionelle Kaffeehäuser mussten schließen. Seit der Eröffnung des neuen Hauptbahnhofs 2006 zischen die Intercitys am Bahnhof Zoo nur noch vorbei.

Aber wie man hier so schön sagt: Totgesagte leben länger. Sein Imageproblem scheint der Westen bereits überwunden zu haben und tagtäglich wird er **spannender und attraktiver.** Das ist auch dem neuen Einkaufszentrum Bikini Berlin zu verdanken und dem Umzug der berühmten Fotogalerie C/O Berlin von Mitte hierher. Die Gegend mit den Luxusläden rund um den Kurfürstendamm (oder Ku'damm) und dem berühmten Kaufhaus KaDeWe ist Berlins **kosmopolitischster Teil**. Breite Boulevards und kleine Plätze verbreiten französisches Flair.

Schöneberg ist der Geburtsort von Marlene Dietrich und später, in den 1970er-Jahren, schrieb David Bowie hier einige seiner berühmtesten Songs. Heutzutage ist der Stadtteil vor allem für seine **Schwulenszene** bekannt. Das merkt man an den vielen Läden und Bars rund um den Nollendorfplatz. Auch Schöneberg entwickelt sich rasch weiter, der Stadtteil ist besonders bei Familien beliebt. Zu erkennen ist das an den luxuriöseren Läden, die plötzlich eröffnen. Südlich vom Nollendorfplatz findet auf dem Winterfeldtplatz der größte Markt Berlins statt. Am Rathaus Schöneberg sprach J. F. Kennedy den berühmten Satz: „Ich bin ein Berliner!".

NUR KURZ HIER?
DIESE HIGHLIGHTS DÜRFEN SIE NICHT VERPASSEN:
+ **KADEWE** + **GEDÄCHTNISKIRCHE**
+ **C/O BERLIN** + **SAVIGNYPLATZ** + **WINTERFELDT PLATZ**

ÜBER DIESEN SPAZIERGANG

Dieser Spaziergang ist recht lang, dafür sehr abwechslungsreich. Der schöne Kontrast zwischen dem eher schicken Charlottenburg und dem spannenden Schöneberg vermittelt einen guten Eindruck vom „alten Westen". Es gibt viel Kultur und Grün, aber man kann hier auch gut shoppen und einige klassische Restaurants und Bars entdecken. Wollen Sie den Spaziergang bei einem Abendessen beschließen? Dann starten Sie am Ende der Route.

+ **ABWECHSLUNGSREICH, SCHÖN FÜR DEN ERSTEN BERLINBESUCH**
+ **SAMSTAGS SCHLIESSEN DIE LÄDEN HIER FRÜH**
+ **EIGNET SICH GUT FÜR EINE RADTOUR**

Sehenswürdigkeiten

① Das **Käthe-Kollwitz-Museum** widmet sich ganz dieser bedeutenden deutschen Künstlerin (1867-1945). Mit ihren erschreckend realistischen Bildern, Skulpturen, Zeichnungen, Kupferstichen und Lithografien zeigte Käthe Kollwitz die Not und das Leid der Menschen im Zweiten Weltkrieg.
fasanenstraße 24, www.kaethe-kollwitz.de, telefon: 030 8825210, geöffnet: täglich 11.00-18.00, eintritt: 6 €, u-bahn u1 uhlandstraße

⑤ Der **Savignyplatz** wurde Anfang des 19. Jahrhunderts angelegt und hat die Konkurrenz aus dem Osten gut überstanden. Hier gibt es viele Restaurants, Cafés und Galerien sowie eine Buchhandlung unter dem S-Bahn-Bogen und ein schönes Schuhgeschäft.
savignyplatz, s-bahn savignyplatz

⑬ **C/O Berlin**, eines der bekanntesten Ausstellungshäuser für Fotografie in Berlin, hat seinen Standort vom Alten Postfuhramt in Mitte ins Amerika-Haus verlegt. Die Werke international renommierte Fotografen werden hier einem großem Publikum in sehr erfolgreichen Ausstellungen zugänglich gemacht.
hardenbergstraße 22-24, www.co-berlin.org, telefon: 030 28444160, geöffnet: mo-so 11.00-20.00, eintritt: 10 €, s-bahn & u-bahn u2, u9 zoologischer garten

⑭ 1920 wurde Helmut Newton in Berlin als Helmut Neustädter geboren. Nach seinem Tod 2004 gründete die **Helmut Newton Stiftung** ein Museum für den berühmten Fotografen. In dem beeindruckenden neoklassizistischen Bau wird Helmut Newtons Werk in Wechselausstellungen gezeigt, ebenso wie die Arbeiten seiner Frau Alice Springs.
jebensstraße 2, www.helmutnewton.com, telefon: 030 31864856, geöffnet: di-mi & fr 10.00-18.00, do 10.00-20.00, sa-so 11.00-18.00, eintritt: 10 €, s-bahn & u-bahn u2, u9 zoologischer garten

(19) Nirgends sind die verheerenden Folgen der Bombenangriffe während des Zweiten Weltkriegs noch so gut sichtbar wie hier. Die Ruine der **Gedächtniskirche** ist zusammen mit dem neu gebauten, achteckigen Kirchensaal eines der bedeutendsten Monumente der Stadt und wird seit 2010 von Grund auf renoviert.
breitscheidplatz, www.gedaechtniskirche-berlin.de, telefon: 030 2185023, geöffnet: täglich 9.00-19.00, kostenlose führungen, u-bahn u1, u9 kurfürstendamm

(21) Architekturliebhaber dürfen das **Bauhaus-Archiv** nicht verpassen. Von 1919 bis zu seiner Auflösung im Jahr 1933 spielte das Bauhaus eine herausragende Rolle in der Ausbildung von Künstlern und Architekten. Funktionalität und Minimalismus standen hier im Vordergrund. Große Namen unterrichteten an der Bauhaus-Schule, die erst in Dessau, ab 1932 dann in Berlin ansässig war: Mies van der Rohe, Walter Gropius, Paul Klee und Wassily Kandinsky. Das Museum widmet sich allen Aspekten dieser Bewegung: Architektur, Möbel, Fotografie und Theater.
klingelhöferstraße 14, www.bauhaus.de, telefon: 030 2540020, geöffnet: mi-mo 10.00-17.00, eintritt: 7 €, u-bahn u1, u2, u3, u4 nollendorfplatz

(22) Viele Straßen Schönebergs münden in den schönen, sechseckigen **Viktoria-Luise-Platz** mit dem großen Springbrunnen in der Mitte, der nach der Tochter von Kaiser Wilhelm II. benannt wurde. Es gibt dort viele Cafés und Lokale. Im Haus mit der Nummer 11 wohnte der Filmregisseur Billy Wilder in den 1920er-Jahren.
viktoria-luise-platz, u-bahn u4 viktoria-luise-platz

VIKTORIA-LUISE-PLATZ ㉒

⑰ NENI BERLIN

Essen & Trinken

(4) Der Savignyplatz versprüht französisches Flair, vor allem im Sommer. Das Restaurant **Brel** mit seinen Bistrostühlen im Freien erinnert sehr an Paris. Probieren Sie Muscheln mit Pommes oder Blutwurst mit Zwiebeln und Äpfeln. Dem Besitzer gehört gleich um die Ecke, am Jeanne-Mammen-Bogen 576–577, auch die Bar **Gainsbourg**.
savignyplatz 1, www.cafebrel.de, telefon: 030 31800020, geöffnet: täglich 9.00-1.00, preis: 18 €, s-bahn savignyplatz

(6) Tagsüber gibt es im **Ottenthal Spezial** leckere österreichische Speisen, Kuchen und Wiener Apfelstrudel. Wenn Sie Lust auf mehr haben, können Sie die Spezialitäten auch abends in der Ottenthal-Filiale in der Kantstraße 153 bei einem ausgezeichneten Glas Wein genießen.
knesebeckstraße 26, www.ottenthal.com, telefon: 030 88929226, geöffnet: mo-sa 10.00-18.00, preis: 5 €, s-bahn savignyplatz

(8) Ein China-Restaurant, das **Good Friends** heißt, ob das gut geht? Keine Sorge: Wer in Berlin authentisch und lecker kantonesisch essen möchte, ist hier genau richtig. Ein Teil der Karte ist auf Chinesisch und Sie werden hier auch viele chinesische Gäste antreffen. Probieren Sie die Ente!
kantstraße 30, www.goodfriends-berlin.de, telefon: 030 3132659, geöffnet: täglich 12.00-1.00, preis: 10 €, s-bahn savignyplatz

(10) Das **Café Savigny** verkörpert noch die echte Kaffeehauskultur. Zum Kaffe wird ein Glas Wasser serviert, es gibt Zeitungen und internationale Zeitschriften zum Lesen, und man bleibt hier gerne stundenlang einfach sitzen. Bis in den Nachmittag hinein können sich Langschläfer Frühstück bestellen und es vorne auf der Bürgersteig-Terrasse genießen. Auch in den umliegenden Straßen gibt es noch viele nette Adressen.
grolmanstraße 53-54, www.facebook.com/cafesavigny, telefon: 0176 14435046, geöffnet: täglich 9.00-0.00, preis: 2 €, s-bahn savignyplatz

Shoppen

(3) Concept-Store oder Minikaufhaus, so könnte man **VAN NORD** beschreiben. Eine gute Adresse für ausgefallene Kleidung, Schmuck und Wohndesign. Inhaberin Andrea Ennen sucht ihre Ware gerne in Nordeuropa aus und ergänzt das Angebot mit Parfüms aus England und Kissen aus den USA – alles wunderschön.
grolmanstraße 30-31, www.vannord.com, telefon: 030 88768972, geöffnet: mo-fr 11.00-19.00, sa 11.00-18.00, u-bahn u1 uhlandstraße

(7) Die S-Bahn brettert in schöner Regelmäßigkeit über das Geschäft **Bücherbogen**, in dem es viele lesenswerte Bücher über Kunst und Kultur gibt. Themen sind beispielsweise: Architektur, Fotografie, Grafikdesign, Film, Theater, Tanz und Mode.
savignyplatz, stadtbahnbogen 593, www.buecherbogen.com, telefon: 030 31869511, geöffnet: mo-fr 10.00-20.00, sa 10.00-18.00, s-bahn savignyplatz

(9) **P & T – Paper & Tea** führt Teesorten aus mindestens acht verschiedenen asiatischen Ländern. Wer einen besonderen grünen, weißen, gelben oder schwarzen Tee sucht, wird gewiss fündig. Die Zubereitung einer Tasse Tee wird hier zum Erlebnis. Man kann sich zu einem mehrstündigen Kurs anmelden. Außer Tee gibt es auch schönes Papier und Notizbücher.
bleibtreustraße 4, www.paperandtea.com, telefon: 030 95615468, geöffnet: mo-sa 11.00-20.00, s-bahn savignyplatz

(16) **BIKINI BERLIN** ist ein großes Einkaufszentrum mit Flagship-Stores und kurzlebigen Pop-up-Stores internationaler Marken, die neue Konzepte in den Bereichen Mode, Technik, Kunst und Lifestyle präsentieren. Unbedingt vorbeischauen, allein die Architektur ist sehenswert!
budapester straße 38-50, www.bikiniberlin.de, geöffnet: shop & boxes mo-sa 10.00-20.00, mall mo-sa 9.00-21.00, s-bahn & u-bahn u2, u9 zoologischer garten

⑳ **KaDeWe** steht für Kaufhaus des Westens. Als die Berliner Mauer noch stand, war dieses Kaufhaus – das größte Europas – Wahrzeichen für den westlichen Kapitalismus. Auf sechs Etagen bleibt kein Wunsch offen. Etwas Leckeres zu essen findet man in der obersten Etage unter dem Glasdach. In der Delikatessenabteilung gibt es weitere Spezialitäten aus aller Welt!
tauentzienstraße 21-24, www.kadewe.de, telefon: 030 21210,
geöffnet: mo-do 10.00-20.00, fr 10.00-21.00, sa 9.30-20.00, u-bahn u1, u2, u3 wittenbergplatz

㉕ ANTIQUARIAT MERTENS & POMPLUN

(25) Das **Antiquariat Mertens & Pomplun** bietet ausgesuchte alte Bücher, besondere Drucke, aber auch Poster, Spielzeug, Landkarten, Globen oder auf Nadeln gespießte Schmetterlinge. Schön sind auch die alten Fotografien von Berlin, astronomischen Karten und Stiche. Sie können auch online stöbern.
winterfeldtstraße 51, www.mp-rarebooks.de, telefon: 030 2519203, geöffnet: mo-fr 11.00-18.00, sa 11.00-14.00, u-bahn u1, u2, u3, u4 nollendorfplatz

(28) Daheim soll man sich wohlfühlen. Der eine braucht dazu das ruhige Weiß, der andere liebt es bunt. Für Farbenliebhaber wird **Mobilien** eine wahre Freude sein. Der Laden ist immer gerammelt voll. Außer kleinen Möbeln gibt es unzählige Accessoires für jeden Winkel im Haus.
goltzstraße 13b, mobilien.de, telefon: 030 71538675, geöffnet: mo-fr 11.00-19.00, sa 11.00-17.00, u-bahn u7 kleistpark oder eisenacher straße

(30) Design und Qualität sind den Inhabern von **Greta & Luis** bei der Auswahl ihrer Sachen besonders wichtig. Manchmal entscheiden sie sich für bekannte Namen, aber auch Jung-Designer schätzen sie sehr. Weitere Filialen in Mitte, in Prenzlauer Berg und ein Stück weiter in der Akazienstraße 22.
akazienstraße 7a, www.gretaundluis.com, telefon: 030 78718582, geöffnet: mo-fr 11.00-19.00, sa 10.00-18.00, u-bahn u7 eisenacher straße

(31) Mitten im Akazienkiez befindet sich das allererste **Kochhaus**. Diese Minikette breitet sich rasch aus, auch außerhalb Berlins. **Kochhaus Schöneberg** ist ein Luxus-Supermarkt. Man kauft ein Rezept und dazu gleich alle Zutaten. Fisch, Fleisch, Vorspeisen, Desserts; es gibt meist um die 20 Rezepte. Die Regale sind bis zur Decke bestückt mit Kochbüchern, Wein, Tee, Schokolade und hübsch verpackten Kräutern.
akazienstraße 1, www.kochhaus.de, telefon: 030 577089, geöffnet: mo-sa 10.00-21.00 , s-bahn julius-leber-brücke, u-bahn u7 eisenacher straße

(32) Schöneberg ist eine kinderreiche Gegend, das sieht man bei **Friedland & Partner** sofort. Hier gibt es Kleidung und Accessoires für *yummie mummies* und deren Kinder von Marken wie Bellerose, Bensimon oder Katvig.
belziger straße 28, www.friedlandundpartner.de, telefon: 030 78719502, geöffnet: mo-fr 11.00-19.00, sa 11.00-16.00, u-bahn u7 eisenacher straße

Charlottenburg & Schöneberg

S P A Z I E R G A N G   4 (ca. 9 km)

Beginnen Sie den Tag mit einem Besuch des Käthe Kollwitzmuseums (1) oder des Literaturhauses Berlin (2). Anschließend geht es zum Kurfürstendamm, dort links abbiegen, die Straße überqueren und schräg links in die Grolmannstraße zu einem tollen Concept-Store (3). Gehen Sie unter der Brücke hindurch und trinken Sie einen Kaffee (4) am schönen Savignyplatz (5), essen Sie österreichisch (6) und kaufen Sie Bücher (7). Dann links über den Platz, die Kantstraße überqueren und links abbiegen. Nicht weit von hier können Sie abends chinesisch essen (8). Rechts in die Bleibtreustraße für Tee (9), am Ende wieder rechts und nochmal rechts für Kaffee in der Grolmanstraße (10). Weiter Richtung Savignyplatz; gehen Sie links um den Platz herum und überqueren Sie wieder die Kantstraße (11) (12). Links in die Fasanenstraße, dann bei der Hardenbergstraße rechts abbiegen, dort sind zwei gute Fotomuseen (13) (14). Hinter der Brücke ist der Berliner Zoo (15). Geradeaus zum Bikini Berlin (16). Im 25hours Hotel können Sie im 10. Geschoss etwas essen und trinken (17), im Erdgeschoss gibt es Pizza (18). Rechts abbiegen und über die Budapester Straße Richtung Gedächtniskirche (19) gehen, den Ku'damm überqueren und links abbiegen zum KaDeWe (20). Kleiner Abstecher zum Bauhaus Archiv (21). Sie haben Charlottenburg verlassen. Folgen Sie der Ansbacher Straße, Richtung Schöneberg kommen Sie an typischen Nachkriegsbauten vorbei. Links in die Geisbergstraße abbiegen, dann rechts in die Welserstraße bis zum Viktoria-Luise-Platz (22). Anschließend links in die Winterfeldtstraße, an der Eisenacher Straße wieder links, dann rechts in die Nollendorfstraße mit der bekannten Bar (23). An der Maaßenstraße rechts Richtung Winterfeldtplatz (24) oder in ein Antiquariat (25). Überqueren Sie den Platz in Richtung Goltzstraße. Hier kann man essen (26) (27) und shoppen (28). Überqueren Sie die Grunewaldstraße, gegenüber der Kirche können Sie noch mehr essen (29) und einkaufen (30) (31). Rechts in die Belziger Straße einbiegen für einen weiteres Bekleidungsgeschäft (32). Die erste Straße rechts gehen, dann gleich links zu einem Bistro (33). In der Umgebung gibt es viele Lokale. Entlang der Wartburgerstraße in Richtung Gothaerstraße gehen, erst links, dann rechts in die Meininger Straße. Überqueren Sie die befahrene Martin-Luther-Straße zum Rathaus Schöneberg (34) und schließen Sie den Spaziergang im Rudolph-Wilde-Park (35) ab.

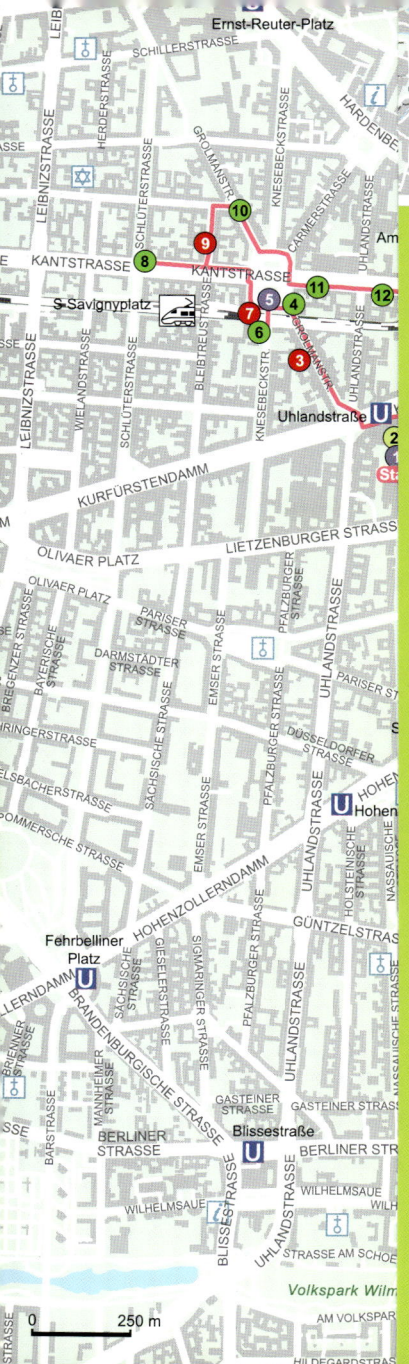

4

1. Käthe-Kollwitz-Museum
2. Literaturhaus Berlin
3. VAN NORD
4. Brel/Gainsbourg
5. Savignyplatz
6. Ottenthal Spezial
7. Bücherbogen
8. Good Friends
9. P & T – Paper & Tea
10. Café Savigny
11. Schwarzes Café
12. Paris Bar
13. C/O Berlin
14. Helmut Newton Foundation
15. Zoo Berlin
16. BIKINI BERLIN
17. NENI Berlin/Monkey Bar
18. L'Osteria
19. Gedächtniskirche
20. KaDeWe
21. Bauhaus-Archiv
22. Viktoria-Luise-Platz
23. Stagger Lee
24. Winterfeldtplatz
25. Antiquariat Mertens & Pomplun
26. Sorgenfrei
27. Meyan – Süßholz Berlin
28. Mobilien
29. Gasthaus Gottlob
30. Greta & Luis
31. Kochhaus Schöneberg
32. Friedland & Partner
33. Renger-Patzsch
34. Rathaus Schöneberg
35. Rudolph-Wilde-Park

Kreuzberg 5

Kreuzberg besteht eigentlich aus zwei Teilen, nämlich Kreuzberg 36 und Kreuzberg 61. Kreuzberg 36 heißt auch SO 36 – SO steht für Südosten und 36 für die alte Postleitzahl. Zu Zeiten der Mauer war dieser Teil Berlins auf drei Seiten eingeschlossen, und so konnte sich die **alternative Szene** hier ungestört entwickeln. Hausbesetzer, Punker, Künstler, Sozialhilfeempfänger und türkische Zuwanderer lebten hier friedlich zusammen und kannten nur einen Feind: Die Polizei bei den alljährlichen Demonstrationen am 1. Mai.

Die alternative Szene ist in den letzten Jahren eher nach Wedding, Friedrichshain und Moabit gezogen, aber die Türken sind geblieben. Die Gegend um die Oranienstraße ist **Zentrum des türkischen Berlins**, mit Restaurants, kleinen Geschäften und einem Hamam. Hier lebt die größte türkische Gemeinde außerhalb der Türkei. Die alte Atmosphäre ist noch im Wrangelkiez spürbar, das in den 60er-Jahren eigentlich abgerissen werden sollte. Dort liegt auch der bekannte Görlitzer Park: eine schöne Oase, aber leider wird viel gedealt.

Die andere Seite des Viertels, Kreuzberg 61, umfasst ungefähr den Teil unterhalb des Landwehrkanals, aber vor allem die Gegend um die Bergmannstraße. Hier geht es etwas bürgerlicher und schicker zu, ein **künstlerisches Flair** ist dennoch zu spüren. Das Quartier verdankt seinen Namen dem Kreuzberg, der im Viktoriapark liegt. Den Berg ziert ein Denkmal mit dem Eisernem Kreuz auf der Spitze, das an die Befreiungskriege gegen Napoleon erinnert. Der Graefekiez hat sich in den letzten Jahren zu einem **beliebten Wohngebiet.** Das Gebiet grenzt an Kreuzkölln, dem nördlichen Teil von Neukölln.

NUR KURZ HIER?
DIESE HIGHLIGHTS DÜRFEN SIE NICHT VERPASSEN:
+ **BERLINISCHE GALERIE** + **MARKTHALLE NEUN** + **CHAMISSOPLATZ**
+ **LANDWEHRKANAL** + **PARK AM GLEISDREIECK**

ÜBER DIESEN SPAZIERGANG

Dieser Spaziergang ist ziemlich lang, aber sehr interessant. Die Museen zu Beginn befinden sich in einiger Entfernung zur U-Bahn, dem Ausgangspunkt der Route. Die beiden Teile Kreuzbergs vermitteln ein schönes Bild vom heutigen Berlin, seiner Bauwut und den spannenden Projekten dieses Viertels. Abends können Sie den Spaziergang bis zum Schlesischen Busch ausdehnen.

+ **EIN MUSS, WENN MAN MITTE UND CHARLOTTENBURG SCHON KENNT**
+ **TOLL FÜR DEN ABEND, DANN IN UMGEKEHRTER RICHTUNG**
+ **FÜR EINE RADTOUR GEEIGNET, ABER NICHT ÜBERALL OPTIMAL**

Sehenswürdigkeiten

(1) Das **Jüdische Museum** dokumentiert zweitausend Jahre deutsch-jüdische Geschichte. Der eindrucksvolle Zick-Zack-Bau des Architekten Daniel Libeskind ist ein Höhepunkt der Museumsarchitektur. Nehmen Sie sich Zeit für diesen Museumsbesuch.
lindenstraße 9-14, www.jmberlin.de, telefon: 030 25993300, geöffnet: mo 10.00-22.00, di-so 10.00-20.00, eintritt: 8 €, u-bahn u1, u6 hallesches tor, u6 kochstraße, u8 moritzplatz

(2) Die **Berlinische Galerie** zeigt ausschließlich Kunst, die seit 1870 in Berlin entstanden ist. Schwerpunkte der Sammlung sind der Berliner Dada, die Neue Sachlichkeit sowie die osteuropäische Avantgarde. Außen ist der Boden auffällig mit schwarzen Buchstaben auf gelbem Untergrund gepflastert. Ein Hinweis: Wegen Umbau ist das Museum bis zum Frühjahr 2015 geschlossen. Aktuelle Infos finden Sie auf der Webseite.
alte jakobstraße 124-128, www.berlinischegalerie.de, telefon: 030 78902600, geöffnet: mi-mo 10.00-18.00, eintritt: 8 €, u-bahn u6 kochstraße, u8 moritzplatz

(8) **Museum der Dinge** – das klingt doch gut. Und tatsächlich gibt es in diesem Museum vor allem "Dinge": Gebrauchsutensilien aus den 20er- und 30er-Jahren. Hier landen Stücke, die möglicherweise einen designhistorischen Wert besitzen. In dem begehbaren Lager können sich die Besucher alle "Dinge" anschauen. Es gibt auch Wechselausstellungen. Wer mag, kann auf der Webseite Objekte zu einem bestimmten Betrag adoptieren. Alles seriös, aber mit einem Augenzwinkern.
oranienstraße 25, www.museumderdinge.de, telefon: 030 92106311, geöffnet: mo & mi-so 12.00-19.00, eintritt: 5 €, u-bahn u1, u8 kottbusser tor

(9) Die **NGBK** (Neue Gesellschaft für Bildende Kunst) ist auf den ersten Blick ein normaler Buchladen, jedoch verbirgt sich dahinter eine große Galerie. Hier finden häufig Ausstellungen mit sozialen Themen statt.
oranienstraße 25, www.ngbk.de, telefon: 030 6165130, geöffnet: so-mi 12.00-19.00, do-sa 12.00-20.00, eintritt: frei, u-bahn u1, u8 kottbusser tor

⑫ Der **Kunstraum Kreuzberg/Bethanien** entstand in den anarchistischen 70er-Jahren, als das einstige Krankenhaus von Hausbesetzern eingenommen wurde, um den Abriss zu verhindern. Seitdem finden in diesem neogotischen Bau Ausstellungen statt. Im Restaurant **3 Schwestern** kann man gut essen.
mariannenplatz 2, www.kunstraumkreuzberg.de, telefon: 030 902981455, geöffnet: täglich 12.00-19.00, eintritt: frei, u-bahn u1 görlitzer bahnhof, u1, u8 kottbusser tor

⑬ Der Mauerbau hat viel Niemandsland in Berlin produziert, doch so verrückt wie beim **Baumhaus an der Mauer** wurde es nirgendwo. In den 80er-Jahren baute Osman Kalin Gemüse an, und zwar auf einer 350 Quadratmeter großen Brache, die zu Ost-Berlin gehörte, aber auf der westdeutschen Mauerseite lag und deswegen nicht nutzbar war. Er baute dort auch ein – genehmigtes – Holzhaus. Als die Mauer fiel, erweiterte Kalin seinen Garten und errichtete ein zweites Haus. Nach einigem Hin und Her mit dem Bezirk erhielt sein Sohn, der das Areal inzwischen nutzt, ein Bleiberecht. Das Baumhaus ist nur von außen zu besichtigen.
bethaniendamm/mariannenplatz, s-bahn ostbahnhof

㉖ Die **Friedhöfe in der Bergmannstraße** sind vier verschiedene, miteinander verbundene historische Grabplätze. Die schön verzierten Grabsteine und die riesigen Gruften vermitteln dem Besucher einen guten Eindruck vom früheren Reichtum Berlins.
bergmannstraße, geöffnet: täglich ab 8.00, saisonabhängige schließzeiten 16.00-20.00, u-bahn u7 südstern

㉚ Der **Chamissoplatz** liegt in einer der schönsten Gegenden Berlins. Dieser Platz und die umliegenden Straßen gleichen einem Freiluftmuseum: So sahen die Wohnviertel vor dem Zweiten Weltkrieg aus. Diese Straßen wurden nicht bombardiert, weil die Alliierten den nahe gelegenen Flughafen Tempelhof erhalten wollten. Wundern Sie sich nicht, wenn Sie plötzlich durch einen Filmset laufen, denn Regisseure nutzen den Chamissoplatz gern, um das historische Berlin nachzustellen.
chamissoplatz, u-bahn u6 platz der luftbrücke

BERLINISCHE GALERIE ②

㉞ Züge, Autos, Flugzeuge, Boote: Im **Deutschen Technikmuseum** findet man alles, was mit der Geschichte der Technik zu tun hat. Das Museum ist groß und vielfältig. Es gibt eine Fotografie-Ausstellung, man kann sich Wasser- und Windmühlen anschauen und sogar eine Brauerei.
trebbiner straße 9, www.sdtb.de, telefon: 030 902540, geöffnet: di-fr 9.00-17.30, sa-so 10.00-18.00, eintritt: 6 €, u-bahn u1, u2 gleisdreieck

Essen & Trinken

(5) Das kleine mexikanische Restaurant **Santa Maria** liegt in der belebten Oranienstraße. Mittags findet man hier noch gut einen Platz. Probieren Sie einen *Taco Campechanos* oder die *Tostadas de Hongos* (Tortillas mit Champignons). Abends wandelt sich das Santa Maria zur Bar, man schaut hier gerne auf einen Cocktail vorbei und isst etwas dazu.
oranienstraße 170, www.santaberlin.com, telefon: 030 92210027, geöffnet: täglich ab 12.00, preis: 6,50 €, u-bahn u1, u8 kottbusser tor

(11) Besonders an warmen Tagen ist das **Bateau Ivre** sehr beliebt: Die Terrassen zu beiden Seiten des Ecklokals sind dann komplett belegt. Und das zu Recht, denn die Atmosphäre stimmt, das Essen schmeckt, die Bedienung ist flink, auch wenn viel los ist. Tipp: das üppige Frühstück oder ein Pastis am Nachmittag. Abends kann man hier ein Bier trinken und Tapas essen.
oranienstraße 18, geöffnet: mo-do 9.00-2.30, fr-sa 9.00-4.30, so 9.00-2-30, preis: 8 €, u-bahn u1 & u8 kottbusser tor, u1 görlitzer bahnhof

(14) *Let your chopsticks do the talking* – so lautet das Motto der **Long March Canteen**. Salat vom Octopus, tausendjährige Eier, Lotusblätter mit Reis und Garnelen gefüllt: Hier gibt es die besondere chinesische Küche. Die Einrichtung ist ausgesprochen schön: schlicht, dunkel, neonbeleuchtete Wände und in der Mitte die Küche. Eines der besten Restaurants in Berlin.
wrangelstraße 20, www.longmarchcanteen.com, telefon: 0178 8849599, geöffnet: täglich 18.00-0.00, preis: kleine speisen 7 €, u-bahn u1 schlesisches tor, görlitzer bahnhof

(15) Das **Weltrestaurant Markthalle** ist ein bodenständiges Restaurant, das sich bei den Bewohnern des Wrangelkiezes großer Beliebtheit erfreut. Man kommt vor allem wegen des Riesenschnitzels. Dieses Stück Fleisch erlangte literarischen Ruhm durch Sven Regeners Buch *Herr Lehmann*, das erzählt, wie das West-Berliner Anarchistenparadies Kreuzberg nach dem Fall der Mauer 1989 untergeht. Die Markthalle diente in der Verfilmung als Hauptdrehort.
pücklerstraße 34, www.weltrestaurant-markthalle.de, telefon: 030 6175502, geöffnet: täglich 10.00-0.00, preis: 12 €, u-bahn u1 görlitzer bahnhof

MARKTHALLE NEUN ⑯

(27) Marillentopfenknödel, Würstl-Teller mit Kraut, Tafelspitz mit Apfelkren: Bei **Felix Austria** werden Spezialitäten aus Österreich gekocht. Natürlich fehlt auch das Wiener Schnitzel nicht auf der Karte. Das Restaurant hat zwei verschiedene Eingänge, der linke wird am meisten genutzt. Einfach eingerichtet, aber das Essen ist vorzüglich. Bei schönem Wetter kann man auch draußen sitzen.
bergmannstraße 26, www.felixaustria.de, telefon: 030 61675451, geöffnet: mo-sa 9.00-0.00, so 10.00-0.00, preis: 12,50 €, u-bahn u7 gneisenaustraße

(31) Wenn Sie am Morgen nach einer langen Nacht Appetit auf eine knackige Currywurst bekommen, dann kommen Sie zu **Curry 36**. Bei einer der beliebtesten Currywurstbuden Berlins muss man manchmal zehn Minuten anstehen, aber das lohnt sich für jeden Currywurst-Fan.
mehringdamm 36, www.curry36.de, telefon: 030 2517368, geöffnet: täglich 9.00-5.00, preis: 1,50 €, u-bahn u6, u7 mehringdamm

(32) Manchmal beträgt die Wartezeit vor **Mustafa's Gemüse Kebap** nur eine Viertelstunde, über eine Stunde ist aber die Regel. Stellen Sie sich trotzdem an. Die vegetarischen Kebaps mit gegrilltem und rohem Gemüse und Feta sind unglaublich lecker. Es gibt aber auch Fleisch-Varianten.
mehringdamm 32, www.mustafas.de, geöffnet: täglich 10.00-2.00, preis: 3 €, u-bahn u6, u7 mehringdamm

23 SÜPER STORE

Shoppen

⑥ Die Bäckerei **Melek Pastanesi** verkauft sowohl deutsche als auch türkische Brote und Gebäck. Das Baklava liegt einträchtig neben dem Berliner Apfelkuchen, die Pitabrote neben dem Kaiserbrötchen. Das Idealbild der multikulturellen Gesellschaft!
oranienstraße 28, telefon: 030 6145186, geöffnet: rund um die uhr, u-bahn u1, u8 kottbusser tor

⑦ Hungrig geworden vom Spaziergang? Die gesunde Alternative zu Fritten und Döner finden Sie bei **Smyrna Kuruyemis**: getrocknete Früchte, Nüsse und Kerne aus dem Mittelmeerraum. Hinten im Lokal werden die Nüsse geröstet. Naschkatzen läuft beim Anblick der Feigen, gezuckerten Mandeln und Datteln das Wasser im Mund zusammen. Probieren Sie doch mal *Sehzade Sucuk*, eine Wurst mit Walnüssen und Rosinen.
oranienstraße 27, telefon: 030 61107181, geöffnet: mo-fr 9.00-2.00, sa 10.00-2.00, u-bahn u1, u8 kottbusser tor

⑩ Der **VooStore** liegt versteckt in einem Hinterhof. Ein riesiger Raum, extra etwas rau belassen, mit einer schönen Modekollektion, Schreibwaren, Zeitschriften, Kosmetik und Geschenken. Bei der Mode liegt der Schwerpunkt auf skandinavischen Designern, wie *Henrik Vibskov*, *Acne* und *Wood Wood*. Es gibt auch eine Kaffeebar.
oranienstraße 24, www.vooberlin.com, telefon: 030 61651119, geöffnet: mo-sa 11.00-20.00, u-bahn u1, u8 kottbusser tor

⑰ **Pony Hütchen** ist die Anführerin einer Kinderbande im Roman *Emil und die Detektive*. Der gleichnamige Laden ist bis oben hin vollgestopft mit bunten Secondhandsachen. Es gibt Möbel, Klamotten, Retrolampen und vieles mehr. Die Inhaberin Lilli Nielsen trägt ihre Schätze aus allen Teilen Deutschlands zusammen.
pücklerstraße 33, pretty-stuff.de, telefon: 030 69818679, geöffnet: mo-do 15.00-20.00, fr-sa 13.00-20.00, u-bahn u1 görlitzer bahnhof

(21) Die Dieffenbachstraße wird immer interessanter. Neu ist das **homage**. Das Geschäft verkauft fair und ökologisch produzierte Mode sowie Accessoires. Seine Zauberformel: Upcycling, Recycling und soziale Projekte. Man findet hier zum Beispiel Kleidung von Simón Ese, in München entworfen, in Mexiko gefertigt, oder herrliche Lampen und Möbel von pastperfekt, die aus abgelegten Dingen hergestellt wurden. Die Taschen sind aus recyceltem Leder.
dieffenbachstraße 15, www.homagestore.com, telefon: 030 65007890, geöffnet: di-sa 12.00-20.00, u-bahn u8 schönleinstraße, u7 südstern

(23) Es gibt Läden, da möchte man am liebsten gleich alles haben. **SÜPER STORE** ist so einer. Wunderschöne Taschen und Portemonnaies, Schmuck, aber auch tschechisches Porzellan und exquisite Wolldecken gibt es hier zu erstehen. Klein, aber fein.
dieffenbachstraße 12, www.sueper-store.de, telefon: 030 98327944, geöffnet: di-fr 11.00-19.00, sa 11.00-16.00, u-bahn u8 schönleinstraße, u7 südstern

(25) Der Vintage-Laden **Lindt**, der sich in der gleichnamigen ehemaligen Patisserie befindet, ist bis oben hin voll mit Kleidung und Accessoires aus der guten, alten Zeit. Hier hängen vor allem Kleider aus den 1960er-, 1970er- und 1980er-Jahren sowie einige neuere Stücke und auffällige Accessoires. Nehmen Sie sich Zeit zum stöbern.
körtestraße 16, www.lindt-second-hand-berlin.de, telefon: 030 6917910, geöffnet: mo-fr 12.00-18.00 (oft länger), sa nach absprache, u-bahn u7 südstern

(28) Schon seit 1892 wird in der **Marheineke Markthalle** Handel betrieben. Die Kaufleute sind mit der Zeit gegangen und verkaufen in dem neu renovierten Gebäude vor allem Bioprodukte. Die Kiezbewohner halten gern mal einen Smalltalk mit den Händlern.
marheinekeplatz/bergmannstraße, www.meine-markthalle.de, telefon: 030 61286146, geöffnet: mo-fr 8.00-20.00, sa 8.00-18.00, u-bahn u7 gneisenaustraße

(29) Die lange **Bergmannstraße** bildet das Herzstück dieses Teils von Kreuzberg. Kleine Geschäfte, Restaurants und Cafés reihen sich aneinander. Gehen Sie auch durch die **Friesenstraße**, eine steil ansteigende Seitengasse. Hier locken die **BrezelBar**, das Blumengeschäft **flores y amores**, das Kinder(bekleidungs)geschäft **mjot** und **Koko Schultz** (umweltfreundliches Design).
friesenstraße/bergmannstraße, u-bahn u7 gneisenaustraße

Kreuzberg

SPAZIERGANG 5 (ca. 10,5 km)

Starten Sie am Jüdischen Museum (1) oder der Berlinischen Galerie (2) oder gleich am Moritzplatz (U-Bahn). Von dort geht es zum Prinzessinnengarten (3) und zum Planet Modulor (4). Folgen Sie dann der Oranienstraße (5) (6) (7) und besuchen Sie das Museum der Dinge (8) oder die Galerie NGBK (9). Daneben ist der Concept-Store Voo (10). Erobern Sie einen Tisch bei Bateau Ivre (11), biegen Sie links ab in die Mariannenstraße. An der Feuerwehrmännerskulptur rechts vorbei zum Mariannenplatz. Im Park ist ein schöner Kunstraum (12) mit Restaurant, etwas weiter ein besonderes Baumhaus (13). Kurz davor rechts in die Wrangelstraße gehen. An der Ecke Pücklerstraße ist das Restaurant Long March Canteen (14). Oder Sie essen in der Markthalle (15) (16). Etwas weiter in der Pücklerstraße gibt es schönes Second-Hand (17). Weiter geradeaus, an der Waldemarstraße rechts, dann gleich links durch die Manteuffelstraße. Vor der Bahnbrücke rechts in die Oranienstraße einbiegen, am Platz links in die Mariannenstraße und unter der Bahnbrücke hindurch. Immer geradeaus bis zum Landwehrkanal (18). Machen Sie hier einen kleinen Abstecher oder gehen Sie gleich über die Brücke zur Graefestraße (19) (20). Gehen Sie rechts durch die Dieffenbachstraße (21) (22) (23). Gehen Sie links durch die Grimmstraße am Park entlang und überqueren Sie die Urbanstraße. Dann links zum Fichtebunker (24) oder rechts und gleich links durch die Körtestraße (25). Der Kurve folgen bis zur Kreuzung Hasenheide/Südstern. Die Straße überqueren und rechts in die Bergmannstraße gehen. Nehmen Sie den Weg über den Friedhof (26), kurz vor dem letzten Grab geht es auf dem Gehweg weiter. Hier können Sie essen (27) oder einkaufen (28). Biegen Sie links in die Friesenstraße (29) ab. Gehen Sie die zweite Straße rechts zum Chamissoplatz (30) für einen Eindruck vom alten Berlin. Dann entlang der Arndtstraße am Platz vorbei und rechts in die Nostitzstraße. Anschließend links in die Bergmannstraße und an der Apotheke rechts zum Mehringdamm. Überqueren Sie die Kreuzung Gneisenaustraße/Yorckstraße und folgen Sie dem Mehringdamm links. Zeit für eine Currywurst (31) oder Kebab (32)! Dann die Yorckstraße entlang und geradeaus über die Hornstraße zum Park am Gleisdreieck (33). Noch nicht müde? Folgen Sie den Schildern zum Deutschen Technikmuseum (34) neben der U-Bahn Gleisdreieck.

1. Jüdisches Museum
2. Berlinische Galerie
3. Prinzessinnengarten
4. Planet Modulor/Parker Bowles
5. Santa Maria
6. Melek Pastanesi
7. Smyrna Kuruyemis
8. Museum der Dinge
9. NGBK
10. VooStore
11. Bateau Ivre
12. Kunstraum Kreuzberg/Bethanien/3Schwestern
13. Baumhaus an der Mauer
14. Long March Canteen
15. Weltrestaurant Markthalle
16. Markthalle Neun
17. Pony Hütchen
18. Landwehrkanal
19. Lekkerurlaub
20. Devil's Kitchen
21. homage
22. Ron Telesky
23. SÜPER STORE
24. Fichtebunker/Berliner Unterwelten
25. Lindt
26. Friedhöfe Bergmannstraße
27. Felix Austria
28. Marheineke Markthalle
29. Friesenstraße/Bergmannstraße
30. Chamissoplatz
31. Curry 36
32. Mustafa's Gemüse Kebap
33. Park am Gleisdreieck
34. Deutsches Technikmuseum

Neukölln 6

Auch das von Arbeitslosigkeit, Integrationsproblemen und Kriminalität geplagte Neukölln zählt inzwischen zu den beliebten Stadtteilen Berlins. Vor allem der nördliche Teil, Kreuzkölln genannt, zeigt sich **in neuem Gewand**. Die Stimmung kann hier zwar manchmal etwas unangenehm sein, aber tagsüber ist meistens ruhig.

Der Spaziergang beginnt am ehemaligen Flughafen **Tempelhof**, der von den Nationalsozialisten erbaut wurde; eines der noch wenigen existierenden Beispiele für die bombastische Architektur des Dritten Reichs. Heute ist das Tempelhofer Feld ein sehr **beliebter Park**. 2014 wurde in einem Volksentscheid gegen die Bebauung gestimmt, deshalb bleibt das Gelände in seiner jetzigen Form vorläufig bestehen.

Der **Schillerkiez**, das Viertel zwischen Tempelhof und Hermannstraße, ist ein gutes Beispiel für die heutigen Gentrifizierungsprobleme. Die Mieten steigen durch den Zustrom zahlungkräftiger Neu-Berliner, und dann wird es den ursprünglichen Bewohnern zu teuer. Wundern Sie sich nicht über die Graffitis „Yuppies raus" und „Touris raus". Zugleich bedeutet der Touristenzustrom aber auch neue Restaurants, neue Initiativen, kleine, unabhängige Geschäfte.

Es wird noch dauern, bis die Hermannstraße gentrifiziert ist und so reiht sich hier noch ein Billig-Laden an den anderen. Danach erreicht man **Rixdorf** und den Richardsplatz, wo Berlin sich fast schon **dörflich** anfühlt. Durch die Richardstraße erreicht man wieder den nördlichen Teil Neuköllns, der lebendiger und touristischer ist. **Kreuzkölln** ist beliebt wegen der zahlreichen Galerien, Pop-up-Stores, jungen Designer und spannenden Abenden in unauffälligen Bars.

NUR KURZ HIER?
DIESE HIGHLIGHTS DÜRFEN SIE NICHT VERPASSEN:
+ **TEMPELHOF** + **NOWKOELLN FLOWMARKT** + **RICHARDPLATZ**
+ **TÜRKISCHER MARKT** + **KINDL**

ÜBER DIESEN SPAZIERGANG

Wenn man den Umweg über Rixdorf nimmt, ist der Spaziergang recht lang. Man kommt durch "schwierige" Gebiete wie den Schillerkiez. Dieser Teil Berlins verändert sich schnell, neue Lokale und Läden kommen und gehen, und so entdeckt man vielleicht auch selbst etwas Neues oder ein Eintrag existiert bereits nicht mehr. Wenn Sie Berlin noch nicht kennen, beginnen Sie besser nicht mit dieser Route, denn hier liegen wenige Sehenswürdigkeiten.

+ **EINE WUNDERBARE ROUTE FÜR ALLE, DIE BERLIN SCHON KENNEN**
+ **NICHT ZU FRÜH LOS, HIER STARTET DER TAG SPÄTER**
+ **MIT DEM RAD NICHT OPTIMAL, AUSSER AUF DEM TEMPELHOFER FELD**

Sehenswürdigkeiten

(2) **Tempelhof** war früher Berlins Hauptflughafen. Der Bau hatte in den 1920er-Jahren begonnen, und die Nationalsozialisten erweiterten ihn in den 1930er-Jahren um eines der größten Gebäude der Welt. Während des Kalten Krieges landeten hier die amerikanischen Flugzeuge, um die abgeschottete Stadt mit Essen zu versorgen. Das Monument vor dem Gebäude wurde zum Gedenken an die Luftbrücke (1948–1949) errichtet. Seit 2008 wird Tempelhof nicht mehr als Flughafen genutzt, sondern dient als Veranstaltungsort für Messen, Festivals und andere Events.
platz der luftbrücke 5, www.tempelhoferfreiheit.de, telefon: 030 200037441, für öffnungszeiten siehe webseite, führung 13 €, u-bahn u6 platz der luftbrücke

(12) Das **KINDL** befindet sich in der ehemaligen Berliner Kindl-Brauerei. Das mächtige Gebäude mit Backsteintürmen und hohen Fenstern wurde Mitte der 20er-Jahre erbaut. Nachdem die Brauerei vor die Tore der Stadt gezogen war, wurde in dem Haus ein Zentrum für zeitgenössische Kunst eingerichtet. Ein außergewöhnlicher Ort! Beachten Sie das Programm auf der Webseite.
am sudhaus 2, www.kindl-berlin.de, telefon: 030 832159120, für öffnungszeiten siehe webseite, u-bahn u8 boddinstraße, u7 rathaus neukölln

(14) Neukölln gehört erst seit 1920 zu Berlin. Zuvor war es ein selbstständiger Ort und hieß bis 1912 Rixdorf. Der Stadtteil ist für die vielen Exilanten bekannt, die im 18. Jahrhundert aus Ostböhmen kamen. Das (leider nur selten geöffnete) **Museum im Böhmischen Dorf** liegt in der Kirchgasse, kurz hinter dem **Richardplatz**, dem heutigen Herzen von **Rixdorf**. Am Richardplatz stehen einige historische Gebäude: Berlin, wie es einmal aussah. Schlendern Sie durchs Viertel oder trinken Sie etwas auf dem begrünten Platz. Im Advent findet hier ein Weihnachtsmarkt statt.
richardplatz, museumimboehmischendorf.de, geöffnet: museum do 14.00-17.00, jeden 1. und 3. sonntag des monats 12.00-14.00, u-bahn u7 karl-marx-straße

Essen & Trinken

(3) Im **Café Engels** im Schillerkiez gibt es guten Kaffee, leckeren Kuchen und ein (riesiges!) Frühstück oder Mittagessen. Innen ist es leicht chaotisch, aber gemütlich. Die Terrasse zur Straßenseite ist ein guter Platz, um Passanten zu beobachten.
herrfurthstraße 21, telefon: 0030 64499067, geöffnet: täglich 10.00-1.00, preis: 4 €, u-bahn u8 boddinstraße

(5) Die italienische Bar & Bistro **CALIGARI** ist kleiner als klein. Weiße Wände, Holzmöbel, alles ganz einfach aber schön! Die Menükarte für Mittags- und Abendgerichte wechselt täglich. Viele vegetarische Speisen zu sehr fairen Preisen. Geplant sind die *CALIGARI Supper Clubs*, bei denen Gastköche kochen sollen. Kulinarische Experimente, so nennen es die Betreiber.
kienitzer straße 110, www.caligariberlin.de, telefon: 030 52649841, geöffnet: di-so 11.00-22.00, preis: 7 €, u-bahn u8 leinestraße

(7) Wie nennt man im Schillerkiez eine Bar mit Backstube und Lokal? Genau: Schiller, auch benannt nach Friedrich Schiller. Die Brötchen für die Hamburger im **Schiller Burger** werden in der eigenen Bäckerei gebacken. Daneben, mit dem Eckeingang, befindet sich die **Schiller Bar** und in denselben Räumen ist auch das etwas feinere Restaurant **Wilhelm Tell** beheimatet. Ein ungewöhnlicher Ort! Fragen Sie nach, welche Speisekarte Sie bekommen.
herrfurthstraße 7/weisestraße 40, www.schillerbar.com, telefon: 0152 5808490, geöffnet: täglich burger 11.30-1.00, bar 9.00-2.00, preis: burger 5 €, lunch 8 €, u-bahn u8 boddinstraße

(10) Das italienische Lokal **Lavanderia Vecchia** liegt, versteckt im Hinterhof, in einer alten Wäscherei. An die Vergangenheit als Wäschereibetrieb erinnert das Tischleinen, das im Raum hängt wie in den Gassen von Neapel. Es gibt eine Mittagskarte, aber das Schönste ist ein ausgedehntes Abendessen. Das feste Menü steht jede Woche auf der Webseite und beginnt immer mit vielen verschiedenen Antipasti.
flughafenstraße 46, www.lavanderiavecchia.de, telefon: 030 62722152, geöffnet: di-fr 12.00-14.30 & 19.30-23.00, sa 19.30-23.00, preis: mittagessen 5-13 €, menu am abend inkl. wein, wasser und kaffee 58 €, u-bahn u8 boddinstraße, u7 rathaus neukölln

CALIGARI ⑤

⑪ "Schankwirtschaft" ist ein wunderbares Wort. Gemeint ist ein Lokal, in dem es nur Getränke gibt, sonst nichts. Die **Schankwirtschaft Laidak** hält sich nicht ganz daran, es wird auch Frühstück serviert. Innen ist sie altmodisch und gemütlich: Lederbänke, Bücherregale und wackelige Stehleuchten. Dieser Teil von Neukölln ist noch relativ ruhig. Der Platz gegenüber vom Laidak ist hübsch, werfen Sie unbedingt einen Blick auf die interessanten Fassaden.
boddinstraße 42, www.laidak.net, geöffnet: mo-sa ab 12.00, so ab 10.00, preis: 2,50 €, u-bahn u8 boddinstraße, u7 rathaus neukölln

⑮ ZSA ZSA & LOUI

(15) In der Richardstraße eröffnen immer mehr nette Lokale und Läden. **ZSA ZSA & LOUI** zum Beispiel. Jeden Tag ab 12 Uhr kann man hier "frühstücken": Es gibt echtes englisches und spanisches Frühstück und sogar Pfannkuchen. Probieren Sie unbedingt die Sandwiches, die mit Pommes serviert werden, sie sind köstlich.
richardstraße 103, www.zsazsaloui.com, telefon: 01577 1531002, geöffnet: täglich ab 12.00, preis: 3 €, u-bahn u7 karl-marx-straße

(16) Einfacher kann man einen leeren Platz kaum nutzen: eine große, kistenähnliche Konstruktion, darin eine Bar. Rohe Holzbänke und Tische unter grünen Sonnenschirmen. Das ist die **Rixbox**. Es gibt Kuchen, Brötchen, Streetfood und süße Kleinigkeiten. Eine angenehme Überraschung zwischen der ruhigen Richard- und der unansehnlichen Karl-Marx-Straße.
richardstraße 2, www.rixbox.de, geöffnet: täglich 10.00-18.00, preis: 4 €, u-bahn u7 rathaus neukölln

(19) Leckere Tapas und dazu guten Wein gibt es bei **Gastón**. Die Atmosphäre ist unglaublich, viel Lärm, dicht gedrängte Menschen, kleine Tische. Selbst wenn man für vier Personen reserviert hat, kann es passieren, dass man an die Bar gesetzt wird. Draußen gibt es Tische, an denen man auch speisen kann. Sonntags isst man hier Paella mit Sangria dazu. Unbedingt reservieren.
weichselstraße 18, www.gaston-tapasbar.com, telefon: 0162 8199853, geöffnet: täglich 17.00-2.00, preis: tapas 4 €, u-bahn u7, u8 hermannplatz

(22) Die **Melbourne Canteen** ist das einzige australisch-französische Lokal in Berlin, so sagen es auch die Inhaber. Jedenfalls kann man hier gut essen. Zum Frühstück gibt es zahlreiche Eiergerichte, mittags Panini, Quiches und Salat. Abends isst man hier Pizza und australische Tapas, dazu trinkt man Cocktails. Der Bloody Mary ist besonders gut. Einfach ausprobieren!
pannierstraße 57, www.melbournecanteen.com, telefon: 030 62731602, geöffnet: täglich 10.00-1.00, preis: tapas 6 €, u-bahn u7, u8 hermannplatz

(23) Im gemütlichen **Two and Two** gibt es Süßes aus Frankreich, japanische Schreibwaren, Papier und Stifte. Die Inhaberinnen Eri und Tose kommen aus Paris und Tokio. Die Getränke wählt man von einer handgeschriebenen Karte.
pannierstraße 6, www.twoandtwoberlin.com, telefon: 030 53791578, geöffnet: mo-fr 8.30-18.00, sa-so 10.00-18.00, preis: 4 €, u-bahn u7, u8 hermannplatz

(26) In Deutschland isst man im Jahr durchschnittlich 110 Eiskugeln. Wenn auch Sie Eis lieben, dann sollten Sie zu **Fräulein Frost** gehen, einem großen, gemütlichen Eissalon mti riesiger Auswahl. Das Eis wird aus Bio-Zutaten hergestellt.
friedelstraße 39, telefon: 030 95595521, geöffnet: mo-fr ab 13.00, sa-so ab 12.00, u-bahn u8 schönleinstraße

(27) Kaum hatten die Kanadierin Olivia Wood und der Vietnamese Ngoc Duong 2011 ihre Bäckerei **Katie's Blue Cat** eröffnet, hatten sie die Herzen der Kiezbewohner erobert. Man kann den verführerischen, hausgemachten Köstlichkeiten in Kombination mit einem leckeren "Bonanza"-Kaffee wirklich kaum widerstehen. Das Sortiment entstammt der amerikanischen und englischen Küche und bietet von Käsekuchen über veganes Gebäck bis hin zu glutenfreien Keksen und Scones alles, was den Magen erfreut.
friedelstraße 31, www.katiesbluecat.de, telefon: 0178 8069701, geöffnet: mo-fr 8.30-18.30, sa-so 10.00-19.00, preis: kuchen 3 €, u-bahn u8 schönleinstraße

(29) Das authentische Restaurant **Café Jacques** am Maybachufer lockt schon seit 20 Jahren viele Stammgäste an, selbst nachdem es 2014 eine Ecke weitergezogen ist. Auf der Speisekarte stehen Kalbsrücken mit Pistazien-Cognacsoße und Rote Bete mit Ziegenkäse. Zwei Mal pro Woche gibt es auch Couscous. Große Weinauswahl.
maybachufer 14, telefon: 030 6941048, geöffnet: täglich ab 18.00, preis: 15 €, u-bahn u8 schönleinstraße

(32) Die viel besuchte **Ankerklause** ist eine Institution. Nachdem das verfallene Café mit der Ausstrahlung einer schroffen Hafenkneipe durch ein jüngeres, künstlerisches Publikum entdeckt wurde, wurde es zu einer der besten Ausgehadressen des Kiezes. Donnerstags wird dort getanzt, und am Wochenende kann man bei Reggae, Indierock oder Hip-Hop bis 16 Uhr frühstücken.
kottbusser damm 104, www.ankerklause.de, telefon: 030 6935649, geöffnet: mo 16.00-4.00, di-so 10.00-4.00, preis: 5 €, u-bahn u8 schönleinstraße

Shoppen

(4) Kunst, Kleidung, Kaffee und Social Club: Das **Aviatrix Atelier** bietet auf nette Weise von allem etwas. Ein typisch Neuköllner Mix. Das Besondere an dem Atelier ist die Idee, dass Kinder und Künstler einander inspirieren. Ab und zu bleiben Künstler für längere Zeit. Ihre Arbeiten und die von Aviatrix Atelier kann man kaufen. Immer wieder etwas anderes, immer in Bewegung.
herrfurthstraße 13, www.aviatrixatelier.de, telefon: 0030 52663089, geöffnet: mo-do 10.00-19.00, fr-sa 11.00-22.00, so 11.00-18.00, u-bahn u8 boddinstraße

(6) In Neukölln ist die Kombination Mode und Café sehr beliebt. Das funktioniert sehr gut, und es wäre schön, wenn noch mehr Läden diese Idee aufnehmen würden. Im **Feed Café** besteht die Mischung aus italienischem Espresso, leckeren Kuchen und Keksen, frischen Säften und Vintagekleidung für Männer. Accessoires und Schuhe gibt es auch zu kaufen.
weisestraße 49, www.facebook.com/feedcafe.nk, telefon: 01578 5263285, geöffnet: di-sa 11.00-18.00, so 11.00-19.00, u-bahn u8 boddinstraße

(8) In einem Viertel mit vielen internationalen Bewohnern ist ein Antiquariat für fremdsprachige Literatur kein übertriebener Luxus. Bei **Pequod Books** gibt es Bücher in über 15 Sprachen, aber auch Bücher auf Deutsch. Man darf endlos stöbern, bis man das passende Buch gefunden hat.
selchower straße 33, www.facebook.com/pequodbooks, geöffnet: mo-sa 14.00-19.00, u-bahn u8 boddinstraße

(9) Noch mehr Vintage gefällig? **VEIST** ist einer der schönsten Läden im Viertel. Die ausgefallenen Stücke haben alle eine Geschichte. Besonders originell: Die Sachen werden auch verliehen. Für die nächste Party lohnt sich also ein Besuch bei VEIST, das passende Kleid kann man sich zuvor auf der Webseite aussuchen.
selchower straße 32, veistberlin.com, telefon: 030 95606251, geöffnet: mo-fr 14.00-20.00, sa 12.00-18.00, u-bahn u8 boddinstraße

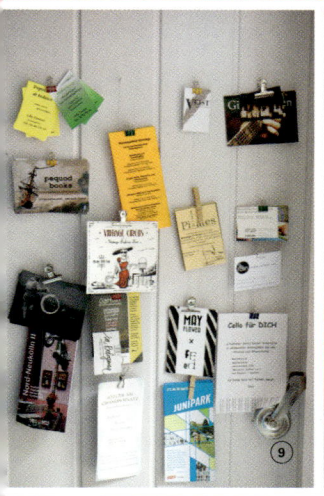

(18) Der kleine Laden **SHIO** befindet sich in Kreuzkölln. Dieser Teil Neuköllns liegt zurzeit am meisten im Trend. Bei SHIO erhält man Upcycling-Mode (Mode aus ausrangierter Ware) und Vintage. Die Stücke kommen hauptsächlich von Berliner Designern. Wer das Ausgefallene liebt, ist hier genau richtig. Außer Kleidung gibt es auch Accessoires und Schmuck.
weichselstraße 59, www.shiostore.com, geöffnet: mo-sa 13.00-20.00, u-bahn u7, u8 hermannplatz, u7 rathaus neukölln

(20) In Deutschland liebt man Abkürzungen, auch der Platten- und Bekleidungsladen **DBR** macht da keine Ausnahme: *Down By Retro* verkauft Vintage-Kleidung, Hautpflegeprodukte und schönen Schmuck. **BCR** steht für *Bass Cadet Record Store* (in denselben Räumen). Überall sieht man Kisten mit Vinyl. Ein toller Ort für Plattenliebhaber.
weserstraße 189, www.downbyretro.com, www.basscadetrecords.com, geöffnet: mo 14.00-20.00, di-do 11.00-20.00, fr 11.00-21.00, sa 14.00-21.00, u-bahn u7, u8 hermannplatz

(21) **WESEN** führt biologische und umweltfreundliche Kleidung von verschiedenen ansässigen Designern. Keine Filzröcke im A-Schnitt, sondern wirklich schöne Sachen, als Antwort auf die übliche Wegwerfmode. Alle Stücke werden in Berlin und Brandenburg hergestellt.
weserstraße 191, www.wesen-berlin.com, geöffnet: mo-sa 11.00-19.00, u-bahn u7, u8 hermannplatz

SHIO (18)

Berlin live

(1) Der Flughafen Tempelhof wurde im Oktober 2008 endgültig geschlossen. Anderthalb Jahre später präsentierte sich das Gelände als Park Tempelhofer Freiheit bzw. **Tempelhofer Feld** der Öffentlichkeit. Wo während der Luftbrücke (1948–1949) Rosinenbomber landeten, kann man nun spazieren gehen, Fahrrad fahren, skaten, mit dem Segway fahren. Außerdem kann man sich auf dem rund dreihundert Hektar großen Gelände picknicken. Am Columbiadamm liegt das Lokal **Mmaah**: Köstlichkeiten vom koreanischen Grill.
haupteingänge am tempelhofer damm, columbiadamm und oderstraße, www.tempelhoferfreiheit.de, geöffnet: täglich von sonnenaufgang bis sonnenuntergang, eintritt: frei, s-bahn tempelhof, u-bahn u6 platz der luftbrücke, u8 boddinstraße

(13) Die **Neuköllner Oper** ist ein sehr vitales, engagiertes und modernes Opernhaus. Klassische Opern werden hier nicht gezeigt, sondern viele Ur- und Erstaufführungen. Eingänge gibt es sowohl in der Karl-Marx- wie in der Richardstraße. Allein das schöne Gebäude ist schon einen Besuch wert.
karl-marx-straße 131-133, neukoellneroper.de, telefon: 030 68890777, für programm und preise siehe webseite, u-bahn u7 karl-marx-straße

(17) Dachterrassen sind beliebte Orte für Bars, die oft erst am Abend öffnen. Bei **Klunkerkranich** ist das anders, hier ist den ganzen Tag Betrieb. Und so kommt man hinauf: Ins Einkaufszentrum Neukölln Arcaden, durch den Eingang bei der Postbank, dann mit dem Aufzug in den 5. Stock, weiter über die Treppe in den 6. Stock. Oben hat man einen grandiosen Ausblick über Berlin. Die Bar sieht aus wie ein Stadtstrand, nur in der Luft. Ausschließlich im Sommer.
karl-marx-straße 66, www.klunkerkranich.de, geöffnet: mo-sa 10.00-0.00, so 12.00-0.00, u-bahn u7 rathaus neukölln

TEMPELHOFER FELD ①

㉔ Neukölln platzt fast vor kleinen Galerien. Ihre Öffnungszeiten sind meist unregelmäßig, Vernissage-Termine erfährt man via Internet. In der **Reuterstraße** gibt es einige, auch in der Nähe des Reuterplatzes. Machen Sie eine Tour durch die Reuterstraße, Sie finden bestimmt interessante, neue Adressen. Die Galerien kommen und gehen hier so schnell, dass man kaum Schritt halten kann. Ein paar wichtige Namen: **ReTramp**, **Galerie R31** und **Holz Kohlen Koks**.
reuterstraße, u-bahn u7, u8 hermannplatz

Neukölln

SPAZIERGANG 6 (ca. 6,5 km)

Vorweg ein Hinweis: Diesen Spaziergang kann man auch gut in umgekehrter Richtung gehen. Ansonsten starten Sie an der Tempelhofer Freiheit (1) und falls Sie mit dem Rad unterwegs sind, machen Sie einen Abstecher übers Feld. Möchten Sie die Gebäude von Tempelhof (2) besichtigen, dann melden Sie sich dort für eine Führung an. Dann geht es in die Herrfurthstraße, im rechten Winkel zum Feld. Englisch frühstücken (3) und dann auf der anderen Seite zu einem kreativen Atelier (4). Am Herrfurthplatz rechts und über die Schillerpromenade, dann in die erste Straße links abbiegen zum Lunch beim Italiener (5). Links in die Weisestraße abbiegen (6) (7). An der Selchower Straße rechts für Bücher (8) oder Vintage (9). Verlassen Sie den Schillerkiez, überqueren Sie die Hermannstraße und gehen Sie links. Etwas abseits der Route im Hinterhof liegt ein guter Italiener (10). Weiter geht es durch die ruhigere Boddinstraße. Sie können hier ein Bier trinken (11) oder noch etwas weiter in der alten Brauerei Kunst genießen (12). Weiter bis zur Karl-Marx-Straße, dort kann man entweder sofort links gehen (zur Nr. 17) oder erst nach rechts und Rixdorf besuchen. Rechts geht es durch die Karl-Marx-Straße an der Oper vorbei (13) zum Richardplatz in Rixdorf, einem Stück des altes Berlin (14). Danach über die Richardstraße (15) (16) wieder zur Karl-Marx-Straße gehen. Geradeaus geht es zur Dachterrasse von Klunkerkranich (17). Biegen Sie dort rechts ab in die Fuldastraße. Dann links in die Donaustraße und rechts in die Weichselstraße. Sie sind nun im kreativen Teil von Neukölln mit vielen Lokalen und Modeshops (18). Gehen Sie weiter bis zur Kreuzung Weserstraße, an der Ecke ist dort eine Tapasbar (19). Dann nach links (20) (21) abbiegen. An der Kreuzung Pannierstraße geht es links zu Lokalen und Cafés (22) (23). Die Route verläuft weiter geradeaus. An der Kreuzung Reuterstraße (24) gibt es viele Galerien. Ein Stück weiter in der Weserstraße können Sie ein Fotosouvenir von sich machen (25). Gehen Sie rechts in die Friedelstraße bis zum Maybachufer. Unterwegs viele Einkehrmöglichkeiten (26) (27). Vielleicht ist gerade Nowkoelln Flowmarkt (28). Gehen Sie links zum Café Jacques (29) und spazieren Sie am Wasser entlang. Dienstag und Freitag ist hier türkischer Markt (30). Fahren Sie mit dem Ausflugsschiff (31) oder trinken Sie etwas bei Ankerklause (32).

SPAZIERGANG 5

6

1. Tempelhofer Freiheit/Mmaah
2. Tempelhof
3. Café Engels
4. Aviatrix Atelier
5. CALIGARI
6. Feed Café
7. Schiller Burger/Schiller Bar/ Wilhelm Tell
8. Pequod Books
9. VEIST
10. Lavanderia Vecchia
11. Schankwirtschaft Laidak
12. KINDL
13. Neuköllner Oper
14. Richardplatz/Rixdorf/Museum im Böhmischen Dorf
15. ZSA ZSA & LOUI
16. Rixbox
17. Klunkerkranich
18. SHIO
19. Gastón
20. BCR/DBR
21. WESEN
22. Melbourne Canteen
23. Two and Two
24. Reuterstraße
25. Photoautomat
26. Fräulein Frost
27. Katie's Blue Cat
28. Nowkoelln Flowmarkt
29. Café Jacques
30. Türkischer Markt
31. Brückenfahrt
32. Ankerklause

© HAUS AM WALDSEE

NOCH ZEIT ÜBRIG?

12 EXTRA TIPPS

WEITERE SEHENSWERTE ORTE

Wenn Sie den im Guide beschriebenen Spaziergängen folgen, kommen Sie an zahlreichen Sehenswürdigkeiten vorbei. Es gibt aber noch einiges zu sehen, das nicht in die Spaziergänge aufgenommen werden konnte. Unten finden Sie eine kurze Aufstellung. Einiges davon befindet sich nicht in Laufweite des Zentrums. Mit öffentlichen Verkehrsmitteln sind aber alle Orte gut erreichbar. Die Buchstaben der Sehenswürdigkeiten finden Sie vorne in der Übersichtskarte wieder.

Ⓐ Das **Olympiastadion** wurde 1936 – während des Naziregimes – für die Olympischen Spiele erbaut. Am Gebäude, dessen Entwurf vom Architekten Werner March stammt, sind für die NS-Zeit typische architektonische Elemente sichtbar.
olympischer platz 3, westend, www.olympiastadion-berlin.de, telefon: 030 25002322, geöffnet: täglich ab 9.00 (nov.-märz ab 10.00), saisonabhängige schließzeiten, eintritt: 7 €, führung 11 €, s-bahn & u-bahn u2 olympiastadion

Ⓑ Ein Blickfang ist der zerfallene Turm auf dem **Teufelsberg**. Dieser 120 Meter hohe "Berg" liegt im **Grunewald**, westlich von Berlin. Der Hügel wurde von den Alliierten angelegt, als sie nach dem Zweiten Weltkrieg die Trümmer der Stadt auf diesem Gelände aufschütteten. Die Türme wurden von der NSA errichtet und dienten als Abhörstationen. Nicht nur viel Geschichte, sondern auch ein schöner Ort für Spaziergänge. Infos über Führungen auf der Webseite.
teufelsseechaussee 10, www.berliner-teufelsberg.com, führung ab 7 €, s-bahn messe süd oder heerstraße

Ⓒ Eine Fahrt zum **Schlachtensee** ist ein beliebter Ausflug für alle, die der Stadt kurz entfliehen wollen. Hundebesitzer, Jogger, Frischluftgenießer, alle drehen ihre Runden um den See. An der Ostseite befindet sich das Ausflugslokal **Die Fischerhütte am Schlachtensee** mit einer großen Terrasse. Gehen Sie von hier die Schillerstraße entlang zum **Haus am Waldsee**. Das Museum liegt in einem wunderschönen Park mit Weiher. Die Ausstellungen sind meist sehr bemerkenswert. Auch hier kann man, idyllisch essen und trinken.
museum: argentinische allee 30, www.hausamwaldsee.de, telefon: 030 8018935, wechselnde öffnungszeiten, eintritt: 7 €, s-bahn schlachtensee, u-bahn u3 krumme lanke

ⓖ SIEGESSÄULE IM TIERGARTEN

ⓓ Im Ortsteil Dahlem geht es eher schick zu. Der **Botanische Garten**, das **Botanische Museum** und die **Königliche Gartenakademie** befinden sich hier. Die ersten beiden Einrichtungen gehören zusammen, und man lernt dort einiges über die Pflanzenwelt. In der Königlichen Gartenakademie wurden früher die königlichen Gärtner ausgebildet. Heute kann man in den Gewächshäusern die schönsten Pflanzen und Garten-Accessoires erstehen.
königin-luise-straße 6-8/altensteinstraße 15a, dahlem, www.bgbm.org, www.koenigliche-gartenakademie.de, telefon: 030 83850100, geöffnet: garten täglich ab 9.00, museum 10.00-18.00, eintritt: garten 6 €, museum 2,50 €, s-bahn botanischer garten, u-bahn u3 dahlem-dorf, u9 rathaus steglitz

(E) Für diesen Guide wurden sechs interessante Stadtteile ausgewählt, aber es gibt natürlich noch viel mehr zu sehen. Momentan passiert zum Beispiel in **Wedding** einiges. Für einen Spaziergang liegen die Attraktionen aber zu weit auseinander. Begeben Sie sich doch an der Panke entlang auf Entdeckungstour. Weitere Tipps auf unserer Webseite.
s-bahn & u-bahn u6 wedding

(F) Der **Hamburger Bahnhof** war bis Ende des neunzehnten Jahrhunderts der Endbahnhof der Strecke zwischen Hamburg und Berlin. Bald darauf wurde aus ihm ein Museum, seit 1987 mit dem Fokus auf zeitgenössische Kunst: das Museum für Gegenwart. Hier finden große Ausstellungen statt, die Räume sind riesig und auch ohne Exponate sehr beeindruckend. Gutes Museumsrestaurant und eine schöne Museumsbuchhandlung.
invalidenstraße 50-51, www.smb.museum/museen-und-einrichtungen/hamburger-bahnhof/home.html, geöffnet: di-mi & fr 10.00-18.00, do 10.00-20.00, sa-so 11.00-18.00, eintritt: 14 €, s-bahn hauptbahnhof, u-bahn u6 naturkundemuseum

(G) Der **Tiergarten** ist Berlins größter Park. Dort kann man ausgedehnte Spaziergänge unternehmen und auf dem Neuen See, beim großen Biergarten, ein Ruderboot leihen. Mitten im Tiergarten steht die **Siegessäule**. Vielleicht erkennen Sie die goldene Göttin aus Wim Wenders Film *Der Himmel über Berlin*. Steigen Sie doch mal die 285 Stufen hoch und genießen Sie die wunderbare Aussicht.
großer stern, straße des 17. juni, tiergarten, telefon: 030 3912961, geöffnet: siegessäule apr.-okt. mo-fr 9.30-18.30, sa-so 9.30-19.00, nov.-märz mo-fr 10.00-17.00, sa-so 10.00-17.30, eintritt: 3 €, s-bahn bellevue

(H) Beim Potsdamer Platz liegt das in den 60er-Jahren errichtete **Kulturforum**. Die **Philharmonie** zählt zu den besten Konzerthäusern der Welt. Dienstags um 13 Uhr gibt es ein gratis Lunchkonzert (nicht im Sommer). Zum Kulturforum gehören auch die **Neue Staatsbibliothek** und, in einem Bau von Mies van der Rohe, die **Neue Nationalgalerie** für die Kunst des 20. Jahrhunderts.
matthäikirchplatz, tiergarten, www.kulturforum-berlin.com, für öffnungszeiten und preise siehe webseite, s-bahn & u-bahn u2 potsdamer platz

(I) Der **Viktoriapark** mit den künstlichen Wasserfällen wurde zwischen 1884 und 1894 angelegt. Er liegt auf dem Kreuzberg, nach dem der ganze Stadtteil benannt ist. Auf der Spitze steht das Nationaldenkmal mit dem eisernen Kreuz, das an die Befreiungskriege gegen Napoleon erinnert. Hier kann man die Aussicht genießen, picknicken oder im **Biergarten Golgatha** was trinken gehen.
kreuzbergstraße, geöffnet: täglich rund um die uhr geöffnet, u-bahn u6 platz der luftbrücke

(J) Der **Volkspark Friedrichshain** war im 19. Jahrhundert der erste, für jeden zugängliche Park in Berlin. Ein wahrer Blickfang sind die wunderschönen Märchenbrunnen aus dem Jahr 1913. Die Skulpturen der neobarocken Brunnen- und Gartenanlage stellen die Märchen der Gebrüder Grimm dar. Viele Berliner stecken hier an einem heißen Sommertag ihre Füße ins Wasser und nutzen den Park ausgiebig zum Grillen, Joggen und Faulenzen. Oder um sich in einer lauen Sommernacht einen Film im Freiluftkino anzusehen.
am friedrichshain, täglich rund um die uhr geöffnet, bus 200 bötzowstraße, u-bahn u2 senefelder platz, u5 strausberger platz

(K) Im ehemaligen Haus 1, in dem einst der Stasiminister Erich Mielke sein Büro hatte, befindet sich heute das beklemmende **Stasimuseum**. 1990 wurde das Gebäude von Demonstranten besetzt. Kurz darauf wurde beschlossen, das Haus zu versiegeln. Die Zeit ist hier wirklich stehen geblieben: Die Einrichtung stammt unmittelbar aus DDR-Zeiten. Es gibt eine feste Ausstellung sowie diverse Sonderausstellungen über die Praktiken der Stasi.
ruschestraße 103, haus 1, lichtenberg, www.stasimuseum.de, telefon: 030 5536854, geöffnet: mo-fr 10.00-18.00, sa-so 12.00-18.00, eintritt: 5 €, s-bahn frankfurter allee, u-bahn u5 magdalenenstraße

(L) Der **Schlesische Busch** ist wegen seiner vielen Clubs und Restaurants ein besonders schöner Flecken Berlins. Auch der bekannte **White Trash Club** hat hier eine neue Heimat gefunden. Südöstlich liegt der **Treptower Park**, ein großer grüner Streifen an der Spree. Schauen Sie sich das **Sowjetische Ehrenmal** an. Das riesige Monument ist eine von drei Gedenkstätten, mit denen die über 80.000 russischen Soldaten geehrt werden, die bei der Befreiung Berlins 1945 gefallen sind. An der Nordseite liegt die **Insel der Jugend** mit Kulturzentrum und Café.
schlesischer busch/puschkinallee, s-bahn treptower park

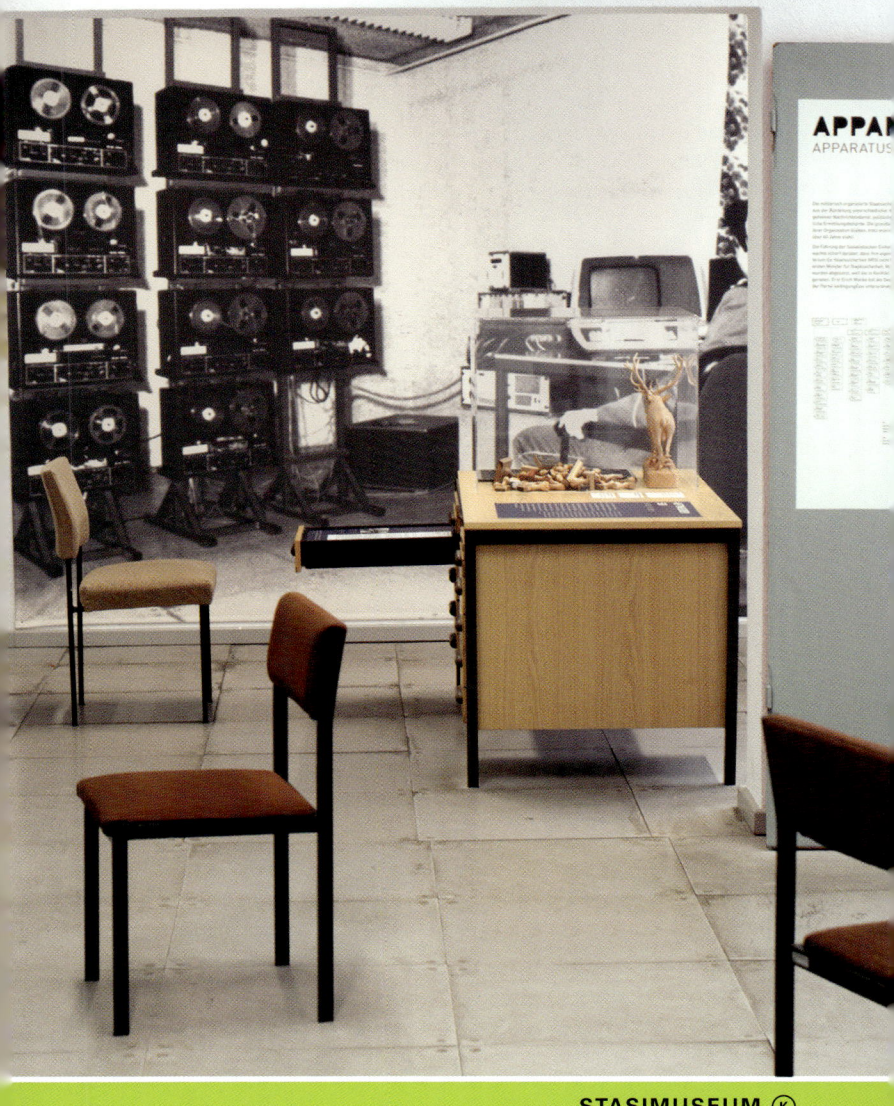

STASIMUSEUM Ⓚ

Übernachten

UNSERE LIEBLINGSHOTELS IN DEN SCHÖNSTEN STADTTEILEN

Ein bequemes Bett, ein leckeres Frühstück und eine schöne Einrichtung machen ein gutes Hotel aus. Aber mindestens genauso wichtig ist die Lage eines Hotels. Denn der Aufenthalt wird dann erst richtig perfekt, wenn man von der Lobby direkt in ein lebendiges Stadtviertel eintauchen kann.

Auf **www.100travel.de** haben wir für Sie unsere Lieblingshotels in den schönsten Stadtteilen zusammengestellt. Von hip bis klassisch, für jedes Budget. Und natürlich können Sie Ihr Hotel auch direkt über unsere Webseite buchen.

FINDEN & BUCHEN SIE IHR HOTEL AUF WWW.100TRAVEL.DE

Ausgehen

WAS MACHEN WIR HEUTE ABEND?

In einem Club tanzen gehen, eine (Newcomer-) Band in der Kneipe hören, einen Cocktail an der Spree trinken oder lieber in ein kleines Independent-Kino?
Die aktuellsten und beliebtesten Adressen zum Ausgehen haben wir für Sie auf unserer Homepage gesammelt. Von versteckten Bars und guten Weinlokalen bis zu netten Kneipen und tollen Clubs – klicken Sie einfach auf unsere Webseite **www.100travel.de** für einen perfekten Abend in Berlin.

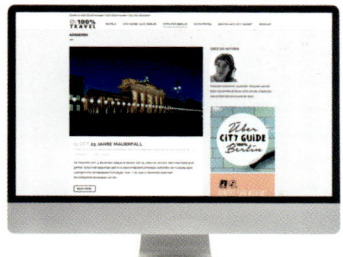

DIE BESTEN AUSGEHTIPPS FINDEN SIE AUF
WWW.100TRAVEL.DE

Index

SEHENSWÜRDIGKEITEN

alexanderplatz	19
alte nationalgalerie	19
altes museum	19
bauhaus-archiv	80
baumhaus an der mauer	100
berliner dom	19
berlinische galerie	99
bodemuseum	19
botanischer garten	138
botanisches museum	138
brandenburger tor	22
c/o berlin	79
chamissoplatz	100
checkpoint charlie	21
deutsches historisches museum	20
deutsches technikmuseum	101
east side gallery	74
fernsehturm	19
frankfurter tor	59
friedhöfe in der bergmannstraße	100
gedächtniskirche	80
gedenkstätte berliner mauer	19
gendarmenmarkt	20
gethsemanekirche	39
hackesche höfe	23
hamburger bahnhof	139
haus am waldsee	137
helmut newton foundation	79
holocaust-mahnmal	21
insel der jugend	140
jüdisches museum	99
karl-marx-allee	59
käthe-kollwitz-museum	79
kindl	119
kino international	59
königliche gartenakademie	138
kulturforum	139
kunstraum kreuzberg/ bethanien	100
kunst-werke	30
mauerpark	39
museum der dinge	99
museum im böhmischen dorf	119
museum in der kulturbrauerei	39
museumsinsel	19
neue nationalgalerie	139
neue staatsbibliothek	139
neue synagoge	22
neues museum	19
ngbk	99
oberbaum city	59
oberbaumbrücke	59
olympiastadion	137
pergamonmuseum	19
philharmonie	139
potsdamer platz	21
reichstagsgebäude	22
richardplatz	119
rixdorf	119
savignyplatz	79
scheunenviertel	17
siegessäule	139
sowjetisches ehrenmal	140
stadtschloss	19
stasimuseum	140
tempelhof	119
teufelsberg	137
the kennedys	26
tiergarten	139
topographie des terrors	21
tränenpalast	22
treptower park	140
unter den linden	17
viktoria-luise-platz	80
viktoriapark	140
volkspark friedrichshain	140
wasserturmplatz	39
wedding	39
weltzeituhr	19
zionskirche	39
zionskirchplatz	39

ESSEN & TRINKEN

3 minutes sur mer	28
3 schwestern	100
alois s.	42
ankerklause	125
anna blume	44
bar babette	59
barn roastery, the	44
bateau ivre	102
biergarten golgatha	140
bonanza coffee heroes	47
brel	83
brezelbar	111
café engels	120
café jacques	124
cafe moskau	59
café savigny	83
caligari	120
coffee bar	62
cookies cream	26
cupcake	61
curry 36	106
dachgarten restaurant käfer	22
datscha	62

devil's kitchen	105	mustafa's gemüse kebap	106	noch morgen	61
djmalaya		naschkatze	42	weltrestaurant markthalle	102
ehemalige jüdische		neni berlin	84	westberlin	26
eismanufaktur	61	no hablo español	62	wilhelm tell	120
felix austria	106	nola's	41	wohnzimmer	42
fischerhütte am		noto	28	zeit für brot	24
schlachtensee, die	137	november	44	zsa zsa & loui	123
fleischerei	44	oliv	24		
fräulein frost	124	osmans töchter	42	**SHOPPEN**	
gainsbourg	83	osteria, l'	84	25books	28
galão	41	ottenthal spezial	83	ackerhalle	28
gasthaus gottlob	86	paris bar	84	alte schönhauser straße	30
gastón	123	parker bowles	112	antiquariat mertens	
good friends	83	pauly saal	26	& pomplun	91
goodies	62	prater biergarten	41	aufschnitt	66
goodies	62	renger-patzsch	87	auguststraße	30
hackbarth's	30	rixbox	123	aviatrix atelier	126
helmholtzplatz	42	ron telesky	105	bcr	128
hops & barley	61	sankt oberholz	24	bergmannstraße	111
joris	24	santa maria	102	bikini berlin	88
katie's blue cat	124	sasaya	42	blush	298
keyser soze	26	schankwirtschaft laidak	121	brunnenstraße	28
konnopke's imbiß	42	schiller bar	120	buchbox!	66
lavanderia vecchia	120	schiller burger	120	bücherbogen	88
lekkerurlaub	105	schneeweiß	61	das stue	28
liebling	42	schwarzes café	84	dbr	128
linnen	41	shiso burger	30	do you read me?!	30
long march canteen	102	simon	30	dussmann das	
mädchenschule	26	simon-dach-straße	61	kulturkaufhaus	30
malinikoff	42	sorgenfrei	86	feed café	126
markthalle neun	105	stagger lee	86	flores y amores	111
melbourne canteen	123	strandbad mitte	30	friedland & partner	91
meyan – süßholz	86	tomm 's burger joint	28	friedrichstraße	17
michelberger hotel	63	two and two	124	friesenstraße	111
mmaah	130	valseuses, les	42	gestalten space	30
mogg & melzer	26	veganz	62	getränkefeinkost	64
monkey bar	84	weder gestern		glücklich am park	47

goldhahn & sampson	51	shio	128	kollwitzmarkt	52
greta & luis	91	smyrna kuruyemis	109	kollwitzplatz	52
happy shop	28	sometimes coloured	66	kulturbrauerei	52
hay berlin	30	stereoki	66	landwehrkanal	112
herr nilsson godis	48	supalife kiosk	48	literaturhaus berlin	92
hhv.de store	66	suparina	64	monbijoupark	32
hit-in tv	47	süper store	111	neuköllner oper	130
homage	111	torstraße	28	nowkoelln flowmarkt	132
invalidenstraße	28	type hype	29	park am gleisdreieck	113
kadewe	89	ulf haines men	29	photoautomat	132
kastanienallee	47	ulf haines women	29	planet modulor	112
kochhaus schöneberg	91	van nord	88	platoon kunsthalle	52
koko schultz	111	veb orange	47	prinzessinnengarten	112
kontinentalwaren	51	veist	126	rathaus schöneberg	92
küchenliebe	69	victoria met albert	67	raw-tempel	70
langbrett	47	visby	69	retramp	131
lassrollen	66	vom einfachen das gute		reuterstraße	130
liebe møbel haben	64	(feinkostladen)	28	rudolph-wilde-park	93
lindt	111	voostore	109	schlachtensee	137
luiban	29	waahnsinn berlin	29	starplatz	52
marheineke markthalle	111	wesen	128	tempelhofer freiheit	130
mazooka store	47	yonkel ork	48	türkischer markt	132
melek pastanesi	109			urban spree	70
mjot	111	**BERLIN LIVE**		volksbühne	32
mobilien	91	arkonaplatz	52	winterfeldtplatz	92
münzstraße	30	berliner unterwelten	112	yaam	72
objets trouvés	28	bite club berlin	52	zoo berlin	92
ocelot	28	boxhagener platz	70		
oderberger straße	47	brückenfahrt	132	**ÜBERNACHTEN**	143
olivia	69	café sibylle	70		
paper & tea	88	clärchens ballhaus	32	**AUSGEHEN**	145
patagonia	47	east side park	72		
paul's boutique	27	fichtebunker	112	**CLUBS**	
pequod books	126	galerie r31	131	astra	70
pomeranza design ranch	51	grunewald	137	cassiopeia	70
pony hütchen	109	holz kohlen koks	131	suicide circus	70
rosa-luxemburg-straße	29	imago	112	white trash club	140
schoene schreibwaren	64	kaufhaus jandorf	28		
schwesterherz	69	klunkerkranich	130		

UNTERWEGS

airport express	8
auto	8
bus	8
bus 100	11
express-busse	8
fahrrad	11
flughafen	8
nachtbusse	8
s-bahn	8
taxi	9
straßenbahn/tram	8
u-bahn	8
zug	8

Impressum

Dieser 100% Cityguide wurde mit größter Sorgfalt zusammengestellt. mo media GmbH ist nicht verantwortlich für eventuelle inhaltliche Fehler. Anmerkungen und/oder Kommentare können Sie gerne an **mo media GmbH, Elisabethkirchstraße 17, 10115 Berlin** oder per Mail an **info@momedia.com** richten.

autoren: Petra de Hamer (Überarbeitung), Loes Kraaijo, Daniel Haaksman, Marjolein den Hartog
fotografie: Petra de Hamer, S. 9, 12, 73 & 142 Marjolein den Hartog
übersetzung: Heike Baryga (Überarbeitung), textcase
lektorat: Anne Heuer (Überarbeitung), Ulrike Grafberger
schlussredaktion: Annette Steger, Anna M. Schmidt, mo media
konzeptgestaltung
Studio 100%
gestaltung & lithografie
Oranje Vormgevers, Mastercolors Mediafactory
kartografie Van Oort Redactie en Kartografie

100% Berlin
ISBN 978-3-95831-004-9

© mo media GmbH, Berlin
aktualisierte Neuausgabe,
März 2015

Alle Rechte vorbehalten. Kein Teil dieser Ausgabe darf ohne vorherige schriftliche Einwilligung des Verlages in irgendeiner Form reproduziert oder unter Verwendung elektronischer Systeme verarbeitet, vervielfältigt oder verbreitet werden.

100%

BUCH

Wie gewohnt durchblättern, in aller Ruhe hineinlesen, sich auf den Karten orientieren und den Spaziergängen folgen.

APP

Kostenlos die 100% Travel App Berlin aus Ihrem Appstore herunterladen. Alle Informationen aus dem Buch und viele nützliche Zusatzfunktionen stehen Ihnen offline zur Verfügung. Infos auf **www.100travel.de/apps**

Berlin =

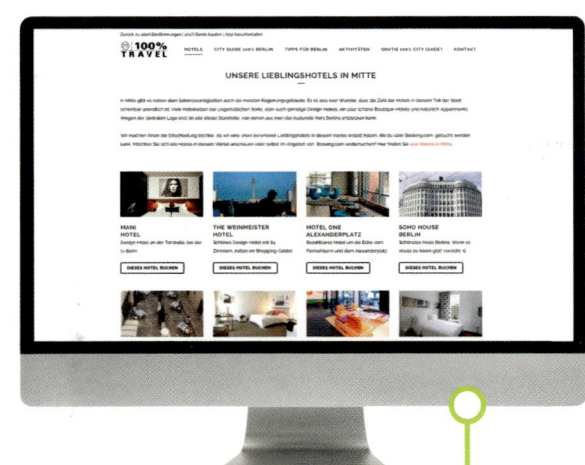

WEBSEITE
Die neuesten Tipps lesen auf den aktuellen Blogs der Autoren. Ein Hotel auswählen oder Tickets für Veranstaltungen buchen.
Alles auf **www.100travel.de**

Notizen

Lesen Sie die aktuellesten Tipps zu Berlin unter **www.100travel.de** und machen Sie sich hier Notizen.